戏曲艺术当代发展路径研究丛书

谢柏梁 主编

电视戏曲发展路径研究

杨 玉 颜全毅 著

中国文联出版社

图书在版编目（CIP）数据

电视戏曲发展路径研究 / 杨玉, 颜全毅著. -- 北京：中国文联出版社, 2021.10
ISBN 978-7-5190-4655-2

Ⅰ. ①电… Ⅱ. ①杨… ②颜… Ⅲ. ①戏曲－电视节目－发展－研究－中国 Ⅳ. ①G222.3

中国版本图书馆 CIP 数据核字(2021)第 190888 号

著　　者　杨　玉　颜全毅
责任编辑　张凯默
责任校对　秀点校对
装帧设计　马庆晓

出版发行　中国文联出版社有限公司
社　　址　北京市朝阳区农展馆南里 10 号　　邮编：100125
电　　话　010-85923025（发行部）　010-85923091（总编室）
经　　销　全国新华书店等
印　　刷　三河市龙大印装有限公司

开　　本　710 毫米×1000 毫米　　1/16
印　　张　11.25
字　　数　185 千字
版　　次　2021 年 10 月第 1 版第 1 次印刷
定　　价　50.00 元

版权所有·侵权必究
如有印装质量问题，请与本社发行部联系调换

东方戏剧的当代浪潮

谢柏梁

继先后完成国家社科基金青年项目《世界古典悲剧史》、一般项目《世界近代悲剧史》之后,我有幸作为首席专家,与中国戏曲学院和全国部分高校与研究院的同人们组成了一个坚强有力、睿智聪慧、生气勃勃、团结合作的学术团队,以长达6年的科研周期,终于以18部分册的规模,集成完成了国家社科基金艺术学重大项目"戏曲艺术当代发展路径研究",并取得圆满结项。

一、成果意义综述

"戏曲艺术当代发展路径研究"课题以18册专著集合成550万字的丛书,这是中国当代戏曲艺术在史论建设和学术理论上所取得的重大成果。这对于学术界、文化界和艺术界增强文化自信、弘扬优良传统、坚持守正出新、培养学术新人,都有着十分重要的意义。

戏曲的发展至少经历了宋、元、明、清和民国一共五个大时代,这套丛书的集成问世,使得当代戏曲艺术有了综合门类的纵览和集成,对于中国戏曲史上当代戏曲的总体描述、系列研究和基本定位,对于制定国家文化战略当中的戏曲艺术方阵具备可行性和可持续发展的政策方针,对于国际上认识中国文化艺术序列当中的戏曲艺术的传承、发展和创造,对于中外戏剧交流和世界戏剧艺术发展当中的东方板块的崛起,在材料收集与整理、学术研究与集成、文化交流与融汇、艺术发展与传播等方面,都有着不可忽视的集成价值和学术积累的重要意义。

"戏曲艺术当代发展路径研究",是首部对于当代戏曲艺术发展的政策方针背景,戏曲艺术本体的编导音舞美,戏曲艺术变体的戏曲绘画、戏曲广播、戏曲音像制品、戏曲电视栏目与频道、戏曲电视剧、戏曲电影、戏曲元素电影、大湾区戏曲电影、戏曲网络传播，戏曲教育的专业教学和戏曲艺术进校园，戏曲艺术的海外传播和西戏中演的融汇进行18个类型分类研究和总体集成的大型研究丛书。

该丛书从内容上看包罗了戏曲艺术各个大的专业层面，从实践上看遵循了党和国家的一系列戏曲政策和方针，从百花齐放的剧目上看契合了人民的需要，从传播的本体和变体上看体现出戏曲与时俱进的不同时代特色，从中外戏剧的交流上看体现出中国戏曲与世界戏剧的交流与互动。

作为国家社会科学艺术学重大项目，该项目成果对于有关部门制定相应的政策，对于业界认知当代戏曲发展的全貌，对于学界正确把握中国戏曲艺术发展的过往、现状和趋势，都具备较为丰富的认知价值、参考意义和启迪作用。

二、18部丛书简介

本课题主要围绕党和国家的戏曲政策与方针、戏曲编导音舞美、戏曲影视与互联网传播、戏曲教育、戏曲海外传播与进口改编共五个板块加以系列延伸和次第展开。

（一）《全国戏曲教育发展路径研究》（石麟）

该专题的主要框架是：第一，全国各地戏曲的历史与现状；第二，各地戏曲中专教育发展；第三，全国各地戏曲高等教育发展；第四，戏曲教育的特殊形态研究；第五，戏曲教育的理念研究；第六，各地戏曲教育人才培养状况；第七，戏曲教育的问题与对策研究。

（二）《当代戏曲绘画发展路径研究》（王云亮）

该专题主要论及戏曲人物的水墨画、工笔画的不同特色，再论全国美术展览中的戏曲美展中国画，以及当代戏曲题材的油画发展历程，戏曲连环画的审美特色，还有当代戏曲绘画的多元化发展趋势。

（三）《当代戏曲广播发展路径研究》（赵翌）

该专题从戏曲广播的历史发端，论及戏曲广播的不同节目形态，受众收听戏曲广播的不同类型以及审美特征，戏曲广播频率的兴衰与发展，戏曲广播的发展趋势等方面，对我国戏曲广播的历史、现状和趋势予以回顾和展望，对戏曲广播节目与时代、听众与跨代的互动关系也予以分析。

（四）《电视戏曲发展路径研究》（杨玉、颜全毅）

该专题首先论电视戏曲发展概况，其次细分电视戏曲剧目传播样式，三论戏曲栏目的综艺化探索，四论戏曲电视大赛的形式突围，五论电视戏曲晚会的成败得失，最后展望了电视戏曲栏目与频道的发展趋势。

（五）《戏曲电视剧的当代发展路径研究》（晁晓峰、郭宝玉）

该专题首先论述了中国戏曲电视剧的发展历程，从萌芽、兴盛到衰落，令人感叹；二论戏曲电视剧本体论；三论戏曲电视剧审美风格；最后分别论述胡连翠、张佩利等戏曲电视剧的五大名导演。

（六）《新中国戏曲唱片与音像制品发展路径研究》（王小梅）

该专题上溯到留声机时代的戏曲唱片发端，接论"十七年"戏曲唱片事业，"文化大革命"时期戏曲唱片，再论声影时代的戏曲音像产业，并对戏曲音像的受众群体予以细致分析。

（七）《中国传统戏曲的多媒体转型和互联网传播研究》（刘荃）

该专题就多媒体和互联网时代的戏曲传播，从网站、自媒体到游戏等不同界面，都分别进行定量定性的分析，并运用大数据予以模型的初建与趋势的展望。

（八）《媒介时代的戏曲元素与中国电影》（朱怡淼）

该专题主要以《人·鬼·情》《霸王别姬》《梅兰芳》《胭脂扣》等诸多电影为例，论及戏曲内容在电影中的植入与嫁接、戏曲角色的影像化再造、戏曲音乐与电影声音艺术、戏曲审美与电影审美，以及戏曲与电影的互动与相互影响。

（九）《党和国家戏曲政策与方针发展》（阚艳华）

该专题梳理了新中国成立以来不同历史时期与时俱进的戏曲实践及政策：上溯到延安根据地和和解放区的相关戏曲政策与方针；新中国"十七年"时期的"三改"政策；"文化大革命"十年时期的关于文艺工作的纪要等相关政策与指示；改革开放新时期到第四次文代会前后拨乱反正的政策方针；党的十四大以来戏曲院团体制改革与振兴戏曲的动议；2012年党的十八大以来，戏曲实践及政策的主要目标围绕着振兴戏曲、增强文化自信展开。

2017年党的十九大报告提出进入新时代，与之相关的文艺政策与戏曲方针提倡弘扬优良传统、坚持守正出新。

（十）《戏曲艺术进校园发展研究》（刘婧、肖艳杰、姚志强、王媛、傅贵生、陈均、胡娜）

该专题主要研究重点为：党和国家戏曲进校园的政策方针与举措；全国戏曲艺术进中小学的实践；北京市与中国戏曲学院的戏曲艺术进校园举措，"国戏杯"戏曲大赛的成功实践；苏州昆曲进中小学、进大专院校、进本科院校的成败得失；北京大学、清华大学的戏曲课程与演出；日本樱美林大学的京剧艺术课程与中国巡回演出；等等。

（十一）《当代戏曲音乐发展路径研究》（尹晓东、孔培培、陈晓娟）

该专题共分为历史篇、剧种篇和人物篇三个板块，对戏曲音乐发展的历史过程，对京剧、昆曲等大剧种的吟哦与发展，对地方戏作曲家和戏曲音乐理论家，都做了大致勾勒和具体分析。

（十二）《当代戏曲文学发展路径研究》（谢柏梁、何晗）

该专题将中国戏曲文学溯源到延安时期和解放区时期，将共和国的戏曲发展共分为四个时期：戏曲改革与建设时期（1949—1965）、"文化大革命"十年的样板戏时期（1966—1976）、戏文振兴新时期（1977—1999）、21世纪的戏曲新篇（2000—2020）。举凡每个时期的总体特点和重大时代背景，每个时期的重点作家与作品，包括戏曲观念的发展与演进，都有较为详尽的论述。该专题还对不同地区的不同剧种、不同民族的经典剧目，都予以详略不等的评鉴。

（十三）《当代戏曲导演制发展研究》（王绍军、熊姝）

该专题首先论及新中国"十七年"戏曲导演制的建立和发展，再论样板戏时期的导演处理，三论改革开放时期戏曲导演艺术的繁盛，四论导演在戏曲艺术中的位置与问题，同时也对若干名导演的艺术风格予以具体阐述。

（十四）《当代戏曲舞美发展研究》（党宁）

该专题上溯到19世纪末以来新式舞台与时装新戏的勃兴，初论新中国"十七年"写实风格布景的大量运用，再论样板戏时期的舞美风格，三论新时期以来抽象、写意与象征舞美风格的多元化。多以具体剧目作为例证，形象地展开不同时期舞美发展的基本路径。

(十五)《戏曲电影发展路径研究》(谢建华、王礼迪)

该专题从中国戏曲电影的开创者谭鑫培论起,认为梅兰芳是戏曲电影的奠基人。戏曲电影拍摄过程中有了南北学派的风格确立,涌现出岑范、桑弧、吴永刚、吴祖光、崔嵬、陈怀皑等人。样板戏电影也蔚为系列。对于戏曲电影的类型系统和美学特色,也有诸多阐释。

(十六)《大湾区粤剧电影发展研究》(罗丽)

该专题对于大湾区蔚为规模的1130部粤剧电影的发展进行了历史的勾勒,对影片进行解读,并对明星演员如马师曾、红线女、白雪仙、芳艳芬、梁醒波、余丽珍等人的表演风格进行了解析,对以香港为中心、广州为重点的粤剧电影现象予以了全面阐述。

(十七)《中国戏曲移植西方经典剧目研究》(赵建新、刘璐)

该专题聚焦于戏曲现代化视域下的西戏中演,主要就古希腊悲剧的戏曲改编,莎士比亚名剧的改编,易卜生戏剧的改编,徐棻的"欲望三部曲"改编,黄梅戏、豫剧等剧种的西戏中演,台湾地区的西戏中演等,整体反映出中西戏剧的交融和发展。

(十八)《新中国戏曲对外传播路径研究》(周丽娟)

该专题将中国戏曲在全世界范围内的演出传播,分为亚洲、欧洲、美洲、大洋洲等不同地理板块,分成国家文化战略下的传播演出、地方政府的文化交流活动、艺术节与戏剧节的广泛参与、民间交流的多种样式,进行全景式的扫描和具体化的分析。

三、研究梯队与成果

18部专著的结撰成书,集合了中国戏曲学院团队、北京大学、清华大学和艺术研究院的团队,还有京内外近10所高校的科研人员,以及中国艺术研究院、福建省艺术研究院和广州文学艺术创作研究院的同人们,大家分工合作,集思广益,历时6年,积以跬步,终于集腋成裘,得以珠联璧合,蔚为丛书大观。

关于院内外、京内外、国内外的专业人员构成和人才梯队培养,简述如下:

实际参加本课题研究和书稿撰写工作的中国戏曲学院教师有17位,包括9位教授，5位副教授，3位讲师。其中有4位教授和4位副教授，都是在参加本课题的工作进程中获得职称晋升的。

清华大学、北京大学、北京联合大学，中国艺术研究院、福建省艺术研究院和广州文学艺术创作研究院，共有2位教授、3位副教授参与。四川师范大学、南京师范大学、湖北师范大学、南京艺术学院、江南大学、南通大学、广州美术学院等高校与广州艺术研究院等单位，也有4位教授、5位副教授和5位讲师参与。

在此期间，四川师范大学的谢建华被评为教授，晋升为院长；南京师范大学的朱怡森也晋升为副院长；中国戏曲学院的颜全毅也成为教授和系主任。

这一科研团队具备四世同堂的年龄分布。石麟教授是首席专家谢柏梁本科时代的老师；中国戏曲学院的戏文系主任颜全毅教授、南京师范大学的魏南江教授是谢柏梁指导过的博士生，四川师范大学的副院长谢建华教授是其指导过的硕士生，他们都带着自己的博士生与硕士生一起参与。这就最大程度地培养了中青年人才，直接推动了学术"后浪"的发展。

该课题的参与人员，在6年内共发表论文110多篇，出版相关书籍60余部。其中，由首席专家谢柏梁主编的《中国当代戏曲家列传》，在课题研究前后和区间同步进行，一共出版了95种。同时，谢柏梁也获选为北京市教学名师与北京市领军人才、上海交通大学讲座教授。

四、"戏曲艺术当代发展路径研究"丛书发凡

古人编写大型丛书，总要有提要予以提纲挈领的前言说明或序跋提领，或者采撷各书的精华，庶几开卷有益，便得以窥其全貌。意犹未尽、兴致盎然者，深入研究、整体把握者，便按图索骥，因提要而得纲领，阅精粹而向普度。

作为一部中小型的丛书，18部书汇聚成550万字的内容，确实也令人望之生畏，春花秋月且待细赏，四时美景各有特色，仓促之间难于尽观。好在术业有专攻，个人有偏好，大家可以在不同的子项目河道之中游弋观赏。

在2014年度国家社科基金艺术学重大项目的序列中，本项目得以重大项目的排名最先的秩序（14ZD01）以发布和编号，是为"戏曲艺术当代发

展路径研究"。但是在出版这一套丛书的时候，还是得将微调书名，即《东方戏剧的当代浪潮：戏曲艺术发展路径（1949—2022）》。

感谢中国文联出版社的信任与青睐，感恩各位领导编辑的引领、建议和提携。责任编辑李成伟、张凯默等老师，对于本丛书的出版，给予了大量的关照、仔细的编辑和认真的打磨，这才使得本丛书的整体面貌靓丽一些，学术品格也随之提高了许多。

18部书的汇聚与修改，其实殊大不易。每位作者都会有敝帚自珍、难于割爱的心理，更有难以尽意、无法言说的郁闷。然而，首席专家的再三催促，使得大家也只得精益求精，恪尽职守地经历了先增后减、蔚为精粹的必要过程。

于是，随着《东方戏剧的当代浪潮：戏曲艺术发展路径（1949—2022）》精华版和各分册的先后面世，读者诸君可以得见各书的风采了，更方便根据自己的专业兴趣和时间安排来细读各分册。

六年春秋代序过，只在弹指一挥间。由于各位子项目的作者大多是中青年教学科研人员，他们平常都有繁重的教学科研工作，都要肩负不算轻松的生活担子，此外还要抽出宝贵的业余时间从事本丛书的撰写，这就令我为之感佩，因此油然而生敬意。

当然，任何集体项目，每个人投入的精力不一样，学理基础的扎实程度不一样，灵气的葱茏和表达的雅致情况更不一样，所以还存在着诸多需要继续深化和不断升华的地方。祈望读者诸君，有以教我，便在编撰者与评论者之间，飘动起友谊的彩虹，激扬起互动的浪花。

当代中国戏曲的发展，继承了千年的文脉，呼应着世界戏剧的浪潮，体现出人类文明的戏剧之海在古老神州的艺术江湖里泛起的朵朵浪花，值得我们从总体上极目观照，在具体艺术门类中深思怡情。倘若读者诸君在阅读本丛书后有所启发，便是编撰者广大无量的点点福音。

[谢柏梁，中国戏曲学院、上海交通大学二级教授，北京市教学名师与领军人才，北京市戏曲传承与传播基地首席专家，国务院政府特殊津贴专家，中国戏剧文学学会副会长，国际戏剧评论家协会（IATC）中国分会监事长]

序　戏曲与电视文化资源的互为

"电视戏曲"这个名词，也许出现的时间并不算长，但电视艺术与中国戏曲的结合，却是个伴随中国电视发展步伐的现象。电视作为20世纪中期以来发展壮大的现代传播手段，在当代人的生活里起着不可或缺的作用。而中国戏曲作为历史悠久、深受百姓喜爱的民间艺术，有着独特的魅力。但几乎从电视诞生之日开始，戏曲就成为电视节目的重要来源。1958年中国第一座电视台——北京电视台开始播出不久，就实况转播了梅兰芳、周信芳、张君秋等一大批京剧表演艺术家的精彩剧目。和中国电影一样，中国电视一开始就和戏曲结缘了。

电视戏曲的发展，是一个在曲折中摸索前进的过程。一段时期以来，对于戏曲的现实处境，学者与大众都有感性而深刻的认识。由于时代的迅速发展，各种文化艺术样式的涌现，戏曲的观众群有相当程度的流失，更重要的是，青年观众层面的萎缩，使戏曲的发展受到了很大影响。20世纪80年代以后，对戏曲市场造成最大威胁的诸多因素中，电视的作用无疑是居于首位的。

由于电视作为新兴事物高速发展，而戏曲作为历史悠久的传统社会艺术样式，在迅猛变化的时代面前难以迅速投入，戏曲的前进步伐相对电视有些滞后，以至在一段时期以来，很多电视人认为电视播出戏曲是对某些领域观众的特殊性照顾，或者是政策保护民族文化与传统艺术的需要，而对电视传媒本身却构不成积极的发展可能。而且，电视戏曲的观众大多为中老年人，属于购买率不高的收视群，也引不起广告商投放广告的兴趣。因此，在原有的一些观念中，戏曲对于电视传媒来说只能是点缀，无可无不可。甚至在某些电视传媒机构，为了收视率和广告收入，取消和放弃了原本就不多的戏曲节目和栏目的设置，使得一段时期内，戏曲节目在很多地方的电视节目中销声匿迹。

不过，这种观念在中国社会的现代化进程加快和电视传媒竞争越来越激烈的20世纪90年代中后期逐步地被改变。我们可以看到从90年代以来，中国社会发生着巨大的变化，由于改革开放的深入、国力的增强，人们的生活水平有了极大提高。在这种经济的变化之上，人们对于文化也就有了更多的要求，这种要求与改革开放初期还不尽相同。在改革初期，人们渴望迅速进入世界性话语体系，摆脱传统陈旧落后的制度，了解西方先进文化是20世纪80年代的当务之急；但当历史进入90年代以后，中国社会的各方面都步入高速稳健的发展态势中，中国也以平等健康的姿态融入世界，人们就有了相对从容的心态，在经济生活之外，文化上固然有对时尚和潮流的追赶，但怀旧心理和宽容的心态，使属于民族传统的文化也有了被重新重视的态势。于是，传统和民间文化的魅力开始展放。从大的角度来说，正是由于这种来自历史和不同地域的文化样式与产物，构成了中国整体历史和文化的独特性、多样性与生动鲜活的面目。反过来说，有了自身文化的独异性和生动性，中国文化在世界文化的格局中才能拥有自己的存在价值和独特意味。所以有人说，只有民族的，才是世界的。这是90年代以来人们对传统文化的一种普遍感觉。因此，伴随着这种心态，我们也可以发现，戏曲作为传统艺术的集大成和始终流行者，在这些年虽然不可能出现以前举国狂热的场面，但市场演出开始升温，为数不少的年轻观众也以更理性的角度去关注和看待戏曲。

而对电视媒体来说，在这个时期竞争显然变得白热化。尽管由于政策的影响，中央和地方的电视台享有不同的文化资源，但一些地方台显然通过崭新的定位去打造特色样式，逐渐形成稳定的收视群体，在媒体竞争中立于不败之地。像被很多研究者津津乐道的湖南电视台的时尚化、娱乐化定位，就树立了自己的鲜明标志，在众多地方卫视中脱颖而出。随着境外媒体的进入，具有鲜明特色和文化依托的节目必然是竞争激烈的电视媒体寻找自身发展的一大法宝。但是，电视作为传媒，只是中介手段，节目内容的定位需要大量独特的文化资源的配备。像新闻频道，必须拥有快速而崭新的新闻资源；时尚频道需要有众多前卫、流行元素作为资源。在这种情况下，我们发现，在电视竞争中，文化资源成为稀缺性物种。因为，节目的内容要做到独特，在今天资讯如此发达的环境中，已十分困难。于是，节目形态、样式和内容的重复，成为很多电视媒体无奈的选择。在这样的背景下，一些曾经不受重视的历史文化、区域地理的节目内容受到青睐。以地方台为例，相同、形似的电视剧和综艺娱乐节目固然可以保持一定的收视率，却很难在竞争中闯出特色，打出品牌。对更多电视节目而言，抓住具有独特性的文化资源，成为现实的选择。

戏曲是可供电视媒体开发的一种较好的文化资源。尽管其观众面还显狭窄，但随着90年代以来传统文化的升温趋势，戏曲节目具有观众稳定、特色显著的特点。诚如本雅明所认为的，在古典文化中，艺术品是在特定的时间和空间中被生产出来的，艺术品必然会受到各种特定因素的深刻影响，而带有某种稀罕、特别和独一无二的特殊。戏曲作为中国传统的文化艺术样式，正是这种稀罕、独特性的具体显现，在电视作为消费性传媒中介需要大量的资源提供内容时，这种特殊无疑能成为稀缺资源。

事实上，从20世纪90年代中后期以来，越来越多的电视人意识到戏曲节目是电视中重要的一个内容，而远非某些人想象的是一种点缀。一方面，戏曲在中国民间所蕴含的巨大能量，在传媒的作用下得到了展现。戏曲比起别的艺术品种，有着强烈的世俗特色，除了京剧、昆曲等全国性剧种，各种地方戏对于各自区域的百姓有着无可替代的亲和力，顺口而歌、乡音乡情的贴近使得戏曲在不自觉中作用于民间。平常，这种能量我们一般感觉不到，但在适当时机，会得到爆发。这恰也是因为电视接受的便捷性，使原来隐性的戏曲观众群得到了集体的显露。另一方面，由于电视戏曲传播的作用，新的戏迷群在诞生。在一段时间里，戏迷的队伍呈年轻化和年幼化现象，很多少年与儿童成了戏曲新一代的迷恋人群。这种现象和戏曲电视的深入人心有着极为密切的关系。由于少年儿童天性的模仿与游戏本能，戏曲的唱、做、念、打和热闹的场面能激发他们的观看兴趣和模仿意识，戏曲擂台等节目的出现使他们的游戏心态得到激励。由于青少年兴趣未定型，电视戏曲吸引了一大批这样的观众，这是电视带动了戏曲的发展；反过来，戏迷的增加又刺激了电视戏曲的观众数量的增长。电视与戏曲之间正是这种互为互动的关系。

可以说，把戏曲节目当作点缀、可有可无的观点在实践面前已然逐渐被改变，但怎样更好地运用好戏曲这种稀缺资源，使电视戏曲节目在现代社会中产生更大影响，成为现代电视中富有影响力的节目形态，这是广大当代电视戏曲人正在努力去实现的课题。本书将从具体的栏目案例入手，在一手资料的基础上进行深入分析，力图勾勒出当代电视戏曲的发展路径及前行的方向。

此外，在电视媒体相互竞争的同时，我们还注意到新媒体力量的此起彼伏以及对电视戏曲有可能的影响。在20世纪90年代以后，网络、手机通信等新媒体的异军突起，使得媒体传播方式超乎固有想象，对电视传播形成强大冲击。近些年来，在线点播、微博直播、手机即时通信软件风生水起，完全有可能以更迅捷的方式绕过电视转播繁琐的程序，介入戏曲传播行列，为观众欣赏戏曲提供更好的渠道。微博的勃兴、手机智能化的普及，使得直播戏曲演出、传播戏曲资讯在技术上成为轻而易举的行为，也预示着戏曲传播形式将以崭新的方式进行。因此，在研究电视戏曲发展未来时，我们也必须带有足够的前瞻性，去面对更多的挑战。

目　录

序　戏曲与电视文化资源的互为 ··· 1

第一章
电视戏曲发展概况 ··· 1
    第一节　电视戏曲的成型与发展 ·· 2
    第二节　电视戏曲的资源整合 ·· 8

第二章
电视戏曲剧目传播样式 ·· 17
    第一节　电视戏曲剧目传播平台 ·· 18
    第二节　CCTV《空中剧院》的电视理念与探索 ······················ 22
    第三节　"京剧音配像"的专场录像传播形式 ·························· 37

第三章
电视戏曲栏目的综艺化探索 ··· 47
    第一节　电视戏曲栏目"综艺化"现象 ··································· 48
    第二节　《越女争锋》的娱乐探索与争议 ································ 55
    第三节　戏曲类明星跨界真人秀节目模式探索 ························ 66

第四章
电视戏曲大赛的突破 ·· 103
    第一节　"青京赛"——传统赛制的代表 ······························· 105
    第二节　票友大赛的发展与"少京赛"的成功 ························ 114

第五章
电视戏曲晚会的变迁 ·· 121
  第一节　电视戏曲晚会的类型 ·································· 122
  第二节　电视戏曲晚会节目的定型 ······························ 126
  第三节　电视戏曲晚会创新节目的主要思路 ······················ 128
  第四节　关于电视戏曲晚会的两个思考 ·························· 132

第六章
电视戏曲发展新趋势 ·· 137
  第一节　蓬勃复苏的 2016 年 ··································· 138
  第二节　全面开花的 2017 年 ··································· 146
  第三节　稳步推进的 2018 年 ··································· 155

后　记 ··· 164

第一章
电视戏曲发展概况

第一节 电视戏曲的成型与发展

电视是20世纪的一项重要发明，自50年代进入中国以来，可以说影响了千家万户。而自其在中国出现伊始，戏曲便与电视结下了不解之缘。

实况直播是戏曲通过电视进入百姓生活的第一次亮相。"1958年5月1日中国第一座电视台——北京电视台开始试播。不久就实况转播了梅兰芳先生演出的《穆桂英挂帅》、尚小云先生的《双阳公主》、荀慧生先生的《红娘》、周信芳先生的《四进士》、马连良、张君秋先生合演的《三娘教子》、张君秋、叶盛兰和杜近芳合演的《西厢记》以及其他一些著名戏曲艺术家的表演，令当时一些戏迷们大饱眼福。……之后，1964年北京电视台有了黑白录像设备，中国电视由只能现场直播进入录播阶段。中国第一次使用录像技术录制的文艺节目是常香玉主演的豫剧《朝阳沟》和京剧《红灯记》中'智斗鸠山'一场。"[①]

"文革"期间北京电视台主要配合宣传需要，播出革命现代戏。值得一提的是，从1970年11月18日起北京电视台出现了教唱"样板戏"的节目。这是戏曲电视教学栏目的最早形态。此外，当时的电视已经迈入了彩色时代，1975年到1976年间，一批戏曲大家的拿手好戏被彩色录像设备记录下来。当然，实况转播和录像的形式还远远算不上是真正意义上的"电视戏曲"，直到20世纪80年代以来，专题、晚会、戏曲电视剧等各种电视戏曲样式出现，才算让电视戏曲作为独立品种成熟壮大起来。在电视戏曲发展过程中，栏目的作用是十分显著的。在多年的实践中，电视戏曲栏目向着多元化方向发展，欣赏类、纪录专题类、谈话类栏目都纷纷出现。从戏曲栏目到戏曲频道，戏曲与电视在资源互为的道路上越走越宽阔。

---

① 杨燕:《电视戏曲论纲——呼唤涅槃的火凤凰》，中国广播电视出版社，2000年，第3-4页。

一、电视戏曲栏目化

"栏目化是电视发展到一定时期的必然结果。"[①]70年代末开始,随着文艺的复苏,戏曲电视栏目开始集中出现。中央电视台(其前身便是1958年创立的北京电视台)是其中的典型。戏曲类节目是中央电视台最早栏目化的类型之一。1982年推出的《戏曲常识》、1985年推出的《戏曲欣赏》、1986年推出的《电视剧场》都是中央电视台关于戏曲电视栏目化的尝试。栏目类型也开始丰富起来,包括了知识类、赏析类、录播类等。1985年,中央电视台还恢复了中断已久的戏曲实况直播,"全国戏曲汇演开幕式""荀慧生85岁诞辰纪念演出""第二届戏剧梅花奖颁奖晚会"等大型戏曲活动都通过电视直播在第一时间呈现到了全国观众面前。戏曲电视大赛作为中央电视台的一项重要传统,始于1987年的"全国青年京剧演员电视大赛"。电视大赛有别于一般有固定名称的栏目,是一类时效性强、阶段性密集呈现的特别节目,此后的数十年间这一形式始终深受欢迎。自1992年开始,中央电视台专门设立了定期播出的《电视剧场现场直播》栏目,"其宗旨是运用现场直播这一电视手段,将首都文艺舞台上演出的精彩戏曲节目(包括新出现的戏曲新人新作),及时播送出去。"[②]1993年原来的《戏曲欣赏》改版为《九州戏苑》,以灵活的"小栏目"板块式结构呈现台前幕后、专业业余的方方面面。此外,自1994年开始创作编排的春节戏曲晚会,更是作为中央电视台的一项传统延续至今。综上,中央电视台可以说囊括了电视戏曲栏目及特别节目的众多类型,这为之后专门的戏曲频道的设立提供了充足的基础储备。此外,中央电视台还关注到了戏曲在台港澳同胞及海外侨胞中的传播,1992年开设的《大戏台》《神州戏坛》,都是以弘扬中华民族优秀传统文化为宗旨面向海外播出的戏曲栏目。

上海电视台早在1978年便推出了《戏曲专题》,1981年推出了《戏剧之家》,影响较大的是创办于1984年的《戏曲大舞台》。《戏曲大舞台》主要播出各种类型的集锦、晚会节目,其中专业性较强的如"南北著名中年京剧

[①] 杨燕主编:《中国电视戏曲研究·汇评》,北京广播学院出版社,2002年第292页。
[②] 中央电视台研究室编:《中央电视台年鉴(1994)》,人民出版社,1995年第48页。

演员交流汇演""江浙沪越剧青年演员电视汇演大奖赛",面向戏迷票友的如"上海市越剧爱好者电视演唱大奖赛""沪剧大家唱群英奖比赛",此外还有娱乐性较强的"时装比赛戏曲演唱会""红娘晚会""刘姥姥逛大观园"等。栏目以上海经济区为依托,影响辐射到了江浙一带。

从80年代末开始,很多省市电视台都推出了围绕地方特色剧种的戏曲栏目。北京电视台的《菊苑乐》《学京剧》《戏迷天地》《戏曲欣赏》《同乐园》,天津电视台的《戏曲之花》《金艺戏曲》,浙江电视台的《荧屏舞台》《百花戏苑》《钱塘晚潮》,河南电视台的《观戏潮》《百花舞台》《梨园春》,四川电视台的《川剧苑》《川剧欣赏》,河北电视台的《戏曲大观园》《戏苑乡音》《荧屏大舞台》,广东电视台的《南粤戏曲》《缤纷梨园》《粤韵风华》,安徽电视台的《相约花戏楼》,广西电视台的《家乡戏》,福建电视台的《闽海观剧》,湖北电视台的《戏曲大看台》,陕西电视台的《秦之声》……从形式上来看,这些戏曲栏目基本集中在欣赏、知识、新闻、访谈、竞赛几类,大多以一方戏曲养一方观众,鲜明的地域特色是其受众稳定的保证,也是难以突破的局限。不过,其中也不乏享誉全国的品牌栏目,河南电视台的《梨园春》栏目便是一个时至今日依然具有很强生命力的戏曲品牌栏目。《梨园春》创办于1994年,经过数次改版后,成为了一档以河南戏曲为依托,以戏迷竞技和观众参与为主体形式,将艺术呈现和商业运营有效结合的戏曲栏目。《梨园春》现象和《梨园春》模式成为电视戏曲极为成功的一个范例。

二、戏曲栏目频道化

1995年由上海有线电视台和上海人民广播电台联合创办的上海有线电视戏剧频道是全国第一个戏剧专业频道,开设的栏目有《上海大剧院》《漫游戏曲殿堂》《七彩哈哈镜》《戏剧大观》《喜剧掇美》《戏迷俱乐部》《戏曲人》《戏曲教唱》《戏剧影院》等等。

2002年1月1日,上海有线电视戏剧频道更名为上海东方电视台戏剧频道,这一时期的品牌栏目包括《戏剧长廊》《海上大戏院》《名家名段》《戏剧大舞台》《绝版赏析》《百姓戏台》《星期戏曲广播会》《电视书苑》《戏闻大点击》等。由于频道主要覆盖上海及邻近地区,所播出的内容主要是盛行于上海及周边一带的京剧、昆曲、越剧、沪剧、锡剧、淮剧、评弹、滑稽戏等戏曲曲艺形式。

2010年2月8日,上海戏剧频道节目位移至覆盖全国的数字平台,称为"七彩戏剧"频道。经过近一个月的试播调整后,七彩戏剧于3月1日全新改版。栏目主要以欣赏类为主,如囊括多剧种大戏的《海上大剧院》、以折子戏集锦为主的《戏剧长廊》、以经典唱段为核心的《名家名段》、戏曲综艺剧《戏剧大舞台》、播出评弹节目的《电视书苑》、播出相声小品滑稽戏的《喜剧一箩筐》、播出南北曲艺名作的《南腔北调》,还有专注于绝版珍藏的《光影流声》《绝版赏析》。专题类栏目也不少,如讲述沪剧故事的《魅力海上花》、回忆评弹往事的《评弹天地》、探寻大师人生的《粉墨春秋》。此外,《戏闻大点击》追击全国戏剧界的最新动态,《百姓戏台》则把舞台搭到社区,突出与百姓的互动。

在中央电视台,戏曲栏目频道化的出现也是一个累积发展的过程。以播出戏曲和音乐节目为主的戏曲·音乐频道,1995年11月30日正式开播[1]。戏曲栏目在原有《九州戏苑》《电视剧场现场直播》的基础上,增加了《戏苑百家》《名段欣赏》《戏迷园地》《梨园群英》。1996年7月1日起又增加了《戏曲采风》《知识库》和《戏曲大舞台》。1999年8月30日戏曲·音乐频道改版为戏曲·音乐·综艺频道(CCTV-3),此时频道的戏曲栏目有《戏苑百家》《戏迷园地》《梨园群英》《戏曲采风》《戏曲神韵》《学唱京剧》等。

以弘扬和发展我国优秀戏曲艺术、满足戏迷审美要求为宗旨的中央电视台戏曲频道(CCTV-11)于2001年7月9日开播。原来CCTV-3播出的戏曲栏目《艺术入门·跟我学》《戏曲直播》《戏苑百家》《名段欣赏》《过把瘾》改在CCTV-11播出。新增设的戏曲栏目有《锦绣梨园》《戏迷俱乐部》《戏曲人生》《绝活》[2]。不管是旧栏目新气象,还是新栏目新面貌,此时戏曲作为独立出音乐、综艺的专门频道,其栏目设置是构架完整而分工明确的:《戏曲人生》作为黄金时间的主打栏目,是以当代著名戏曲表演艺术家人生经历为主线,展示戏曲文化的现场访谈类栏目;《名段欣赏》旨在满足广大

---

[1] 中央电视台研究室编:《中国中央电视台年鉴(2001)》,中国广播电视出版社,2001年。
[2] 中央电视台研究室编:《中国中央电视台年鉴(2002)》,中国广播电视出版社,2002年。

戏曲观众欣赏名家名段的需求，栏目定位以戏曲界著名艺术家和新秀演唱的经典传统剧目为节目主体，同时兼顾全国上百个剧种；《南腔北调》是一档鼓曲、唱曲类曲艺欣赏栏目，主要介绍鼓曲、唱曲类节目的知识，满足曲艺观众的欣赏要求；《过把瘾》作为一个戏曲类的综合性栏目，以知识性、参与性、娱乐性为主；《戏迷俱乐部》定位于打破戏曲舞台局限，改变"你唱我听"的格局，充分调动电视手段，以联欢形式现场录制，旨在建成全国戏迷"自娱自乐、雅俗共赏"的活动中心；《戏苑百家》主要播出经过录制编辑的全国各类戏曲演出，以及中国京剧音配像剧目；《影视剧场》推出不同剧种、不同流派、不同题材、不同风格样式的戏曲电视剧；《戏中有戏》定位于服务咨询栏目，是戏曲频道具有权威性的"收视指南"和"信息发布站"；《知识库》以普及戏曲知识为目的，主要面向热爱京剧及地方戏曲剧种的广大戏迷票友；《绝活》是欣赏性、知识性的戏曲栏目，重在展示各个剧种"绝活"的历史、含义、方法等；《锦绣梨园》是戏曲频道的文化专题栏目，以古典的神韵、地域的风情、时代的精神为宗旨，突出强调戏曲及相关民俗的文化意韵。

有几个省级电视台也先后开办了戏曲频道。河南电视台梨园数字频道于2005年8月15日开播，其播出内容借助数字电视平台覆盖全国，故而剧种所涉颇广，不仅涵盖了京剧、豫剧、评剧、越剧、黄梅戏五大剧种，也播出部分地方性的小剧种。梨园频道初期设有五大栏目，分别是播出剧种全剧的《看大戏》、精选名家名段的《精品荟萃》、讲述梨园故事和戏曲知识的《梨园春秋》、传递梨园界资讯动态的《梨园周报》，以及对河南卫视《梨园春》栏目进行精编播出的《梨园春精彩回放》。随后陆续加入了《绝版赏析》《跟我学》《好戏天天看》等栏目和板块。总体而言，梨园频道还是以播出戏曲大戏为主，频道定位简单、明确。

广东广播电视台岭南戏曲频道是广东省内唯一的专业戏曲电视频道。频道于2005年5月成立，2006年4月试播，2007年11月28日正式开播。截至2014年底，岭南戏曲频道信号覆盖广东省网、广州市网、番禺有线和湛江市网，覆盖用户超过500万。岭南戏曲频道以戏曲和地域文化、音乐为主打，"有五成是戏曲艺术类的节目，内容包括粤剧、潮剧、山歌剧、汉剧、采茶戏、雷剧以及广东的话剧、杂技、曲艺等；有三成是岭南文化类的节目，内容包括岭南人文、岭南历史、岭南美食等；有两成是广东音乐、粤语流行歌曲等。"① 在播出的过程中，戏曲类节目的比例又加大到了六成②，其中欣赏类栏目有《风雅潮韵》《名家风采》《戏曲电视剧场》，知识类栏目有《粉墨人生》《粤剧学堂》，观众参与类的栏目有《戏迷擂台赛》《戏迷俱乐部》等。

吉林电视台东北戏曲频道是覆盖东三省及内蒙古自治区的有线数字付费频道，开播于 2007 年 10 月 19 日。先后设立有《名段欣赏》《九州戏苑》《东北大鼓》《二人转秀场》《说书苑》等栏目，播出内容主要是极具地域特色的东北地方戏曲剧种如吉剧、辽南戏、龙江剧等，以及二人转、东北大鼓等东北民间曲艺。

此外，还可以提一下浙江的戏曲电视。虽然没有成立专门的戏曲频道，但是《浙江卫视戏曲版》至今仍被很多戏迷提及。2001 年 1 月浙江卫视在频道整合时，调整了原有的戏曲节目，在周一至周五的下午时段推出《浙江卫视戏曲版》，从 14:00 到 16:30 固定时间播出戏曲内容，其中包括展现江南精致戏曲文化的欣赏类栏目《戏曲红茶坊》、戏迷参与互动的栏目《戏迷擂台》，以及以播出戏曲电视连续剧为主的《卫视戏院》。涉及的剧种以越剧为主，兼及浙江盛行的婺剧、绍剧、莲花落等。由于卫视覆盖范围广，因而浙江卫视戏曲版的影响力辐射到了全国。毫不夸张地说，在 21 世纪初越剧风靡全国，拥有一大批年轻戏迷，浙江卫视戏曲版有一份功劳。但是好景并未一直持续，先是下午档的专门时段被打破，《卫视戏院》《戏曲红茶坊》先后停播。2009 年浙江卫视最后一档戏曲栏目《戏迷擂台》停播，改成由同一主持人更生主持的《更生更有戏》。栏目一开始定位于打造浙江卫视热门栏目《我爱记歌词》的戏曲版，但没多久便跑偏到综艺方向了。至此，浙江卫视的戏曲时代宣告终结。

还有一个值得一提的是安庆广播电视台黄梅戏·教育频道。频道乘着第六届中国（安庆）黄梅戏艺术节的清风，于 2012 年 9 月 1 日开播。作为安徽省一个地级市的电视台，黄梅戏·教育频道整合了黄梅戏和教育两大资

---

① 潘德欣：《岭南戏曲频道在番禺地区正式启播》，《南国红豆》，2010 年第 3 期。
② 成程希：《岭南戏曲频道全面进入广州家庭》，《南国红豆》，2013 年第 2 期。

源，是全国首家黄梅戏专业电视频道。频道围绕黄梅戏这一地域文化资源，开设的栏目有《再芬黄梅》《精彩黄梅》《黄梅阁》《黄梅剧场》等。

以上，是电视戏曲发展的一个基本脉络。电视作为大众艺术，其节目制作周期短、体量大、重复性也高，这样的梳理难免挂一漏万。但是，我们从中仍然可以看出，在几十年的发展历程中，电视戏曲无疑收获了自己的辉煌，许多节目在获得良好收视率同时，也赢得很好的社会效益，为传统戏曲的传播推广贡献了自己的力量。

第二节 电视戏曲的资源整合

电视戏曲是优秀的文化资源，是整合的产物——中国戏曲艺术与电视传媒结合的产物。电视戏曲的发展与成熟，是电视这种现代化传播手段（即渠道资源）和戏曲这种文化资源（内容资源）的结合，电视戏曲的产生作为一种文化亚种，代表了两种资源的优势整合，这种整合是戏曲发展的需要，也是电视本土化、特色化战略实施的需要。

戏曲作为传统的艺术样式，一直深受中国百姓的喜爱。更由于它的辐射力渗透到中国城市和乡村的几乎每一片土地，这种千百年来传统欣赏习惯蕴含的能量是惊人的。而众多的戏曲剧种的丰富样式与地域特性，使戏曲具有不可复制的特殊魅力。由于戏曲的独特影响和魅力，作为20世纪中后期兴起的传播媒体——电视，在中国几乎从诞生之始，就注重与戏曲的联姻。在电视艺术发展过程中，戏曲参与其中，出现了戏曲实况转播、戏曲片段欣赏、戏曲栏目、戏曲电视剧、电视戏曲专题等一系列的节目样式，电视戏曲逐渐成为中国电视节目样式中成熟而独特的一个分支。改革开放以后，在电视事业大发展的趋势中，电视戏曲行业也红火兴旺：电视栏目形式活泼；专题节目多种多样；戏曲晚会出新出奇；戏曲电视剧各有韵致，还出现了像戏曲音配像这样的特殊电视形式。

在今天，电视戏曲取得了前所未有的发展态势，而资源整合是电视戏曲走向广阔的重要思路。成立于2001年的中央电视台戏曲频道是电视戏曲资源整合的集大成者。自戏曲频道开播以来，良好的发展态势证明了戏曲这一文化资源提供给了电视媒体很好的施展手段，隐性的观众群也在逐渐地被激发，观众的总体数量上升。电视戏曲节目的红火也推动了戏曲整体状态的良性循环。实际上，戏曲频道的成立，是对博大精深的戏曲文化资源和现代电视手段的又一次深入整合。这种整合的力度和深度是前所未有的。因为，在以往，尽管电视与戏曲始终是互为互用的，但以一个频道的资源全部交给戏曲，势必要求节目呈现出丰富的多样性，去适应更多的观众面。一个频道的概念和单个栏目的概念是完全不同的，在专门的戏曲频道出现之前，栏目和大戏播出只需要基本鲜明的主题意识和信息传递就可。打个比喻，电视戏曲栏目是一个窗口，让电视观众去欣赏和了解戏曲；而戏曲频道，则必须是像一间有着纵深格局和参差布置的大房子。专业化的频道要求有全方位、多层次的栏目和节目形态，最大可能地构成节目样式的多样化、节目形态的可视性、信息资源的便捷与权威性、受众心理的依赖性，只有这样，才能使一个专业频道完备、精致、深入地反映观众的需要，达到频道稳定、健康的发展目的，这与单个栏目的目标是完全不能同日而语的。

要做到这一点，就必须对现有的资源做全新的整合与利用，这资源主要包括了节目资源、样式资源、观众资源等。节目资源是指原先的戏曲节目素材以及能够拍摄和利用到的新素材；样式资源是电视节目形态的可能性，这包括戏曲节目基本沿传的样式，如大戏录播、片段欣赏等，也包括需要我们在新情况下借鉴别的电视样式以及崭新策划和设计适合电视戏曲发展需要的新节目类型；观众资源则是保住原来戏曲节目的常规观众，用整个频道的集合力量和优势，扩大常规观众的数量和收视率，进而争取新观众。而所谓的整合就是要在这三种资源的基础上，更好地强化和放大整体优势，使观众产生向心力；合理科学地分配和寻找节目与观众资源，进行不同样式节目、栏目的分化设置，最大可能地运用电视手段的丰富，创造出不同的展示平台，形成频道互异互补的节目与栏目群，满足观众不同层次的欣赏需要。

应该说，在实践中，戏曲频道确实是在以往空白的地方努力实验，取得了一定的成果，也获得了观众的普遍认可。在分析观众的主体需求时，我们普遍认为戏曲观众有着普遍的观赏欲望，那就是大戏的完整欣赏。这是因为在开播的先期阶段，构成这个频道的观众大部分是由戏迷组成的，他们看节目首先有一个"过瘾"的期待，在此基础上才会认可频道的存在意义。因此，开始的节目设置是以大戏为框架，再配合不同形态的节目样式。从实践来看，这种认识是正确的，保证了基本观众群和节目的稳定性。

值得注意的是戏曲频道栏目的设置，在以往，电视戏曲还从没有这么集中的相同主题不同形态栏目创建的先例。它必须是围绕着戏曲这一主题，但又必须形态各异，样式多元。由于戏曲频道的一些主创人员都是长期从事电视戏曲事业的老导演、老编辑，对于观众的需求比较熟悉，因此，参照以往的样式，继续安排了《九州戏苑》《戏曲采风》等信息量较大、知识面较宽、趣味性较强的节目样式和《名段欣赏》这样的纯欣赏栏目样式，又针对专业频道应该有持续、循序渐进的知识普及以及戏曲传播的特性，频道加大和拓宽了《知识库》《学唱京剧》这类节目的播出密度和内容范围。回顾戏曲频道开播之际，正是电视媒体间竞争十分激烈、创新意识非常踊跃的时候，众多新的专业频道样式和节目形态的成功，已提供相当有益的经验，而此时，一些兄弟省台的戏曲栏目的活跃，也值得思考和借鉴。《过把瘾》《戏迷俱乐部》《戏曲人生》是在借鉴当前深受观众欢迎的参与性、竞技性、访谈性节目样式的基础上，结合中央台的戏曲节目的定位产生的。而像《锦绣梨园》这样的五十分钟时长的大文化专题栏目，在戏曲栏目里是罕见的，《锦绣梨园》以戏曲历史、地域文化、剧种风情等为切入点，比较深入、细致地探索戏曲文化的魅力，这种节目操作难度较大，但也体现了戏曲频道具有的专题节目纵深化发展的特色。还有一个频道整体服务性栏目《戏中有戏》则是作为整个频道的有效补充，也是与观众沟通的一个窗口。

在这之后，央视戏曲频道的栏目设置还根据各方反馈而进行着调整。例如，2003年新增了以"百花齐放、推陈出新、继往开来、德艺双馨、群星荟萃、流派纷呈、强强联合、京剧振兴"为宗旨的CCTV《空中剧院》，而《绝活》则在央视频道末位淘汰中被下马。除了栏目的调整，央视戏曲频道还经过了多次的频道全面改版。

第一次是2004年8月2日，通过新老栏目的梳理与整合，将栏目数量由14个缩减为10个，重点突出频道的艺术性、欣赏性、参与性。其中，《知识库》并入《跟我学》；《九州戏苑》《锦绣梨园》并入《戏曲采风》；《九州大戏台》分为京剧、地方戏、影视剧三个板块全天候播出大戏，取消了

《戏曲直播》，其直播功能改由CCTV《空中剧院》栏目承担。频道新增设了满足观众欣赏需求的戏曲点播栏目《点播时间》、戏迷竞技互动栏目《梨园擂台》、致力于文化品位追求的深入访谈节目《戏苑百家》。"改版后戏曲频道收视份额较改版前提高7%，较去年同期提高3%。"①

接下来的一次调整是在2006年4月。相较于2004年的全面改版，这次主要是根据观众的收视习惯而做出的时间调整。晚间的黄金时段由19:20提前至18:20，并增加了地方戏和戏曲电视剧的播出容量。接下来是2008年4月的一次微调，将《梨园擂台》更名为《青春戏苑》，突出展示优秀青年戏曲演员的风采；新增了观赏类栏目《戏曲回放》。

2010年8月，在中央电视台频道制改革中，原文艺节目中心戏曲·音乐部组建成戏曲和音乐频道，负责CCTV-11戏曲频道和CCTV-15音乐频道日常栏目的制作与播出。随后，戏曲频道于9月1日进行了版式微调，大幅度的全面改版则是在2011年1月1日。改版后栏目设有CCTV《空中剧院》《九州大戏台》《戏曲采风》《梨园闯关我挂帅》《中国京剧音配像精粹》《过把瘾》《跟我学》《名段欣赏》《青春戏苑》《精彩回放》《戏苑百家》《快乐戏园》《戏曲影视剧场》。主要的变化包括：一、推出两个自主创新栏目《梨园闯关我挂帅》和《快乐戏园》；二、推出与频道播出系统相一致的日常节目播出导视体系——"主持人全天陪伴收视"，并强化新的频道形象片和主题语；三、明确频道定位，退出原有的两档电视剧，保留《戏曲影视剧场》，只播出戏曲电视剧；四、加强晚间黄金时段和次黄金时段的节目编排、全年节目特别编排，增加CCTV《空中剧院》等重点栏目的播出频次，在元旦、春节、国庆等重要节假日，实行频道整体编排，在清明节、端午节、中秋节、重阳节等节日播出"应节戏"。通过这一系列的举措，2011年，戏曲频道全年收视份额为0.49%。

之后戏曲频道陆续有栏目调整。戏曲频道唯一的戏曲访谈节目《戏苑百家》随着主持人白燕升离开央视而于2012年停播。新栏目则有2013年打造的大型戏曲团体竞技类节目《一鸣惊人》、2015年推出的中韩明星跨界体验类真人秀《叮咯咙咚呛》、2017年推出的首档融媒体互动戏曲节目《角儿来

---

① 赵化勇主编：《中国中央电视台年鉴（2005）》，中国广播电视出版社，2005年。

了》等。

在"收视"这个指挥棒的压力下，戏曲频道的问题也日益凸显。戏曲节目的制播流于表面文章，整个频道没有一个专门的栏目来制作具有深度内涵、追求经典价值的专题片。这当然与栏目专题片的投入产出失衡有关，但是作为国家级的戏曲频道，在一定程度上缺乏与之相匹配的文化担当。不仅如此，迫于收视压力，"只播戏曲电视剧"的频道定位没有坚持下去，增加了《影视剧场》大量播出电视剧。2012年起推出的《精彩回放》（2013年更名为《锦绣梨园》）"一路欢笑"板块，重点播出小品相声，也是频道拉动收视的无奈之举。

以上是央视戏曲频道进行资源整合的主要节点。作为全国第一个戏曲的专门性频道，戏曲频道的节目和栏目设置是在资源的有效整合与观众需要的基础上合理科学安排的，有着鲜明的特色。但是，随着电视戏曲事业的进一步发展，也随着戏曲频道本身的成长，更好地改进节目，在创新中求发展也是需要戏曲电视人努力思考的问题。在实践中，我们也发现电视戏曲资源的整合工作仍然显得粗疏，需要进一步的改进。同时，还有一个问题重视不够，就是频道本身从原有的栏目设置扩展为整个频道的形态，为此对资源的调整配置做了大量的努力。但在频道进入成熟发展后，与这种扩展同步产生的对象化问题还有所考虑不足，还没能够更自觉地把握好这种变化，从而更好更细致地改进节目，抓住更为全面的观众层次。

以往戏曲节目的观众定位基本上就是戏迷、戏曲爱好者，这是一个笼统的概念，原来因为节目或栏目只是一个窗口，这样的对象定位是合适的。但作为整个频道的对象概念来说，这显然过于粗疏了。在媒体分众化意识越来越清晰的今天，只有受众对象的细致划分和相应的节目调整策略，才能抓住更多层次、层面的观众。这点对于戏曲频道来说也同样是非常值得注意的问题。

一个频道要保持、要拓展，需要观众层面的打开，这是毫无疑问的。戏曲频道的基本观众是戏迷和戏曲爱好者，在这个总体收视队伍中，我们也需要逐步地再细分，努力去适应各种观众的需要，积极调动他们的收看热情和参与激情。在新的频道平台上，可以设想层次更为清晰、重心各有不同的受众群体。具体到戏曲频道的受众，一个是原有受众群的更细致划分，在此基础上，调配和寻找相对应的资源，增进节目的亲和力和人性化色彩；第二个，非传统电视戏曲受众圈如何定位，如何寻找到相应的节目资源，促进观众层面的多元化发展，让节目形态也变得更有时代气息。

对原来的受众群，是否可以按照年龄层次来进一步细化，调整相应的栏目资源和节目形态。在这个想法里，把观众分为中老年、青年和少年儿童三种基本对象，基于三种对象的大体观赏模式和心理诉求，推出不同的节目类型。中老年观众一般是戏迷和戏曲爱好者，他们由于长期对戏曲的熟悉喜好，对戏曲知识、各种情况通常都十分熟悉，对节目的专业化程度要求也很高。这类群体的核心诉求是"过瘾"，即戏曲本体的节目——如大戏、名家名段越多越好，节目越原汁原味越符合他们的需要。伴随着这种诉求，还有怀旧、思念的心态，一些影响过他们心灵的戏曲作品、演员、故事，是他们喜闻乐见的。因此，名家忆旧、传统品评是这类观众喜爱的节目内容。而这类观众对栏目、节目的形式感则没有太多的要求，相反，新颖的形式、活泼的电视手段用得过多，反而会使他们感觉疲惫，影响了收视的愉悦。例如，兄弟省台的某戏曲综艺节目，定位以时尚、活泼为主，在一段时间的改版中，他们起用香港某著名时尚节目主持人，她活泼随意甚至玩闹的主持风格超出了栏目原有受众群中年纪较大的观众的接受习惯，后来只能重新调整以适应各个层面的观众。

青年观众群体，在目前的情况来看，大专院校学生占了很大的比例。这是因为随着近十几年来中国经济和社会生活水平的提高，人们对传统文化也有了更深的认识，而戏曲以其独特的魅力作为民族艺术的代表，也逐渐被更多人关注。大学生作为知识水平和鉴赏力较高的青年队伍，学校里经常举行的艺术鉴赏和群体活动为他们接触戏曲提供了渠道。这个时代的大学生有相对平和与从容的心态去了解戏曲、喜爱戏曲。这个群体的受众与中老年群体对于电视戏曲的观赏要求和心理诉求是不一样的，尽管其中也有一部分青年人成为"老"戏迷，兴趣趋同于前者，但总的来看，青年受众需要有更高层次、形态多样的戏曲节目。节奏比较拖沓、时间很长的大戏，沉湎于怀旧心态的节目容易使这类观众产生逆反心理。新鲜面孔、新鲜话题、鲜明的节奏、新颖的形式，是吸引这些观众的必要手段。关于青年，其实还有另外一个方面需要注意，我们在满足老观众对于过瘾、怀旧心态的同时，也应该注意到戏曲人才资源的发展。设立一个展示青年戏曲人才艺术风采和生活真实的栏目，可以集中地反映他们的成长，为戏曲青年人才的发展提供宣传、鼓励的园地。而这种节目应富有朝气和时代气息，形成与青年受众的情感对接，编织节目对象与受众对象之间的发展链，有效聚集频道的人气。2008年推出的《青春戏苑》栏目，正是基于推出青年新秀、发展青年受众的双重目的而设立的，青春靓丽的荧屏气息也带来了电视戏曲的年轻化趋势。

少年儿童的受众群，很多是受电视中播放的戏曲节目影响而喜欢上戏曲的，他们接触戏曲的渠道也基本上是通过电视。由于戏曲朗朗上口的音乐旋律和热闹火爆的场面，很多模仿力强、天性活泼的少年儿童喜爱不已。近些年，戏迷幼龄化现象是很值得我们注意的，而且他们的参与意识很强。但是，少年儿童因为心理还没定性，兴趣喜好很容易转移，这就需要我们能巧妙地进行引导，使这类观众对于节目的收视成为习惯。针对他们的心理，节目应该注重趣味性和参与性，气氛轻松活泼，场面热闹好玩，吸引少年儿童的眼球，能将他们慢慢引入到戏曲殿堂中来。设置专门的少年儿童戏曲栏目，也是分众化日益清晰的电视形态发展态势中可以尝试的想法。2011年推出的少儿戏曲栏目《快乐戏园》、2013年举办的"全国少儿京剧电视大赛"（简称"少京赛"）、2016年打造的少儿戏曲真人秀《小老师洋学生》，都是戏曲频道在拓展少儿受众这一群体上所做的逐步努力。

重视非常规的观众群，这是一个频道应该有的意识。而要想吸引更多非传统的戏迷和戏曲爱好者关注频道和节目，则需要注重电视手段的多样化和戏曲文化意识的铸造。通过手段的多样化，把戏曲节目做成不局限于戏曲圈和戏迷观众感兴趣的内容范畴，尝试以戏曲为原料，用丰富的电视手段交叉题材的打造新节目类型。比如现在地方台的一些戏曲节目实质上是以戏曲为题材的综艺游戏节目，而戏曲与旅游、文化考古、时尚艺术都有交叉重叠，完全有可能做出适合不同领域观众感兴趣的节目。作为央视视野下的戏曲频道，也需要铸造戏曲品牌的文化意味，很多观众也许对戏曲完全不了解因此也没有收看的欲望，但是通过宣传，更多人对作为民族文化品牌的戏曲有了一些了解的欲望。这类节目的定位就是边缘化的，提供给众多不太了解戏曲的观众感受戏曲、领悟戏曲的一种途径。可以说，原来的戏曲节目大多像是用米做饭，不脱米的本形；今后戏曲频道还需要酿米为酒，在多种多样让观众可以接受的节目样式的创作里,突出戏曲的神韵。这是今天的电视戏曲工作者需要不断思考和创新的地方。

作为伴随着中国电视发展壮大的进程的电视戏曲事业,在近年获得了令人欣喜的大跨步前进。中央电视台戏曲频道的发展是合乎电视戏曲发展实际需要的,它的受众面的不断扩展和实际影响力的增长说明了这种趋向。另外我们也看到,由于电视戏曲事业的壮大,一些地方电视台的电视戏曲节目建设也取得了丰硕的成果。在一些地方戏剧种拥有强大号召力的省份,电视台巧妙利用这种资源,进行电视手段包装,做大了电视戏曲的市场,也打出了品牌。

河南电视台《梨园春》栏目,被电视界称为"梨园春"现象,是值得我们去思考的。《梨园春》在电视界之所以被视为一种现象,是因为其极高的收视率和轰动效应。据统计,该栏目每周平均收视率为25.85%,最高时达到了35.7%,从1999年改版后到2000年底,收到观众来信30多万封。从电视节目本身而言,《梨园春》并没有太新颖的地方,只是运用竞赛和重奖方式,使观众保持一种收视和参与的欲望。但是,《梨园春》的现象表明戏曲的观众数量是十分庞大的,如果调动得当,完全可以转化为戏曲电视观众群。《梨园春》的成功也许和豫剧的观众群庞大,而河南又是农业大省,传统生活方式还影响深远有关。

安徽电视台的《相约花戏楼》则在戏曲的时尚化、综艺化方面下了很大力气,目的是利用黄梅戏这种资源,创造出安徽文化品牌的电视节目样式。《相约花戏楼》的戏曲节目综艺化走向是把"平民化风格"作为栏目整体风格诉求,即整个栏目的中心人物就是戏迷,更大程度地成为戏迷和普通艺术爱好者表现才华的天地。在这里,戏迷和现场观众不是陪衬,而是节目的主体,他们不仅要完成竞技打擂的环节,还要成为戏曲知识传达的向导。

作为地方电视戏曲品牌的代表,虽然《梨园春》和《相约花戏楼》在形式倾向上有所差异,但是其对戏曲资源的重视和良好运作,都极大推动了电视戏曲事业的发展。而且我们也看到,电视和戏曲都是其中的受益者。《梨园春》已成为河南电视台的品牌栏目,收视率和广告收入都领先于其他栏目,甚至能以一个栏目来承办该台的春节晚会,现场直播十数小时。同时,以《梨园春》为召集者,长期进行豫剧的宣传演出,在国内外推广豫剧。而

《相约花戏楼》使黄梅戏的文化价值得到更好的张扬,安徽省近年把"黄梅戏"和"黄山"作为安徽的最大品牌,也是看到黄梅戏在这种张扬中的能量显现。

除此之外,还有像上海几家电视媒体整合资源、联手打造推出的东方电视台戏剧频道,挟着海派的创新意识和进取精神,为电视戏曲打扮着更为多姿多彩的面貌。浙江台戏曲版、天津台《鱼龙百戏》、陕西台《秦之声》、河北台《戏苑乡音》、山西台《大戏台》、四川台《川剧苑》等等,都植根地域文化,为当地的文化资源整合提供助力。整体来说,电视戏曲的发展是稳健而积极的,实践证明戏曲作为文化资源,完全能够和电视这种现代传媒很好地结合,创造"双赢"的局面。

第二章
电视戏曲剧目传播样式

第一节　电视戏曲剧目传播平台

以电视镜头传播戏曲剧目的历史可以追溯到电视与戏曲结合之初。实况直播戏曲演出是戏曲通过电视进入百姓生活的第一次亮相，始于1958年中国第一座电视台——北京电视台的建立。梅兰芳先生主演的京剧《穆桂英挂帅》、尚小云先生主演的京剧《双阳公主》、荀慧生先生主演的京剧《红娘》、周信芳先生主演的京剧《四进士》等，是第一批进入观众视野的戏曲大戏直播。戏曲直播的节目比重一开始是15%，到1959年底已经逐渐增加到30%，周二、四、六、日有各两个半小时的固定播出，遇到大规模的纪念活动，还会加大直播时间。同样于1958年开播的上海电视台也是早期戏曲直播的主力军，截至1966年，"该台共直播戏曲351场，涉及剧种41个。"[①]

到了1964年，随着黑白录像设备的应用，中国电视由原先的只能现场直播进入到了录播阶段，豫剧《朝阳沟》第二场和京剧《红灯记》"智斗鸠山"是最早以录播形式呈现的戏曲剧目。对比早期直播的一次性呈现，录播的优势在于通过存储设备，戏曲演出录像得以保存下来反复播出欣赏。当然，在录播技术出现之后，现场直播的素材同样可以保留下来，此时直播又较录播多了时效性、现场感等优势。

数十年来，戏曲剧目的电视传播，始终是以现场直播和录制转播这两种形式呈现。中央电视台从1986年推出《电视剧场》，到1992年全新设立《电视剧场现场直播》，再到1996年创办《戏曲直播》，都是较早的以戏曲剧目传播为主要内容的栏目尝试。以《戏曲直播》栏目为例，其宗旨是采用现场直播或录播的电视手段，将北京及外省、市文艺舞台上演出的精彩戏曲节目及时播送到寻常百姓家，展现于广大电视观众面前。现场直播的节目内容包括国家组织的各类大型戏曲展演、汇演活动中的精彩剧目演出、各类艺术节中的优秀戏曲剧目演出、专门组织的戏曲名家名段演唱会、各戏曲剧团

---

① 王玉坤：《戏曲电视节目研究》，山西师范大学博士学位论文，2014年。

演出的优秀传统大戏或折子戏及新编历史剧、各剧种戏曲名家或新秀的专场演出等。该栏目将使各界的戏曲观众，特别是远离城市剧场的广大农村观众，能坐在家里直接收看到剧场舞台上演出的优秀戏曲剧目和精彩的折子戏。

中央电视台戏曲频道成立后，于2003年新增了CCTV《空中剧院》栏目。该栏目以"百花齐放、推陈出新、继往开来、德艺双馨、群星荟萃、流派纷呈、强强联合、京剧振兴"为宗旨，以剧团舞台表演大戏或折子戏为主体，为著名京剧艺术家和以中国京剧优秀青年演员研究生班为主的青年演员提供展示才能的舞台。通过现场直播或录播的形式，使观众有戏看、演员有戏演、电视有好戏播。此外，作为补充的还有《九州大戏台》栏目，分为京剧、地方戏、影视剧三个板块全天候播出大戏。随后又经过几次微调，CCTV《空中剧院》承担了全部直播和部分录播，其剧目也不再局限于京剧，《九州大戏台》则主要是录播地方戏曲，从而形成两个栏目既有交叉又各有侧重的局面。

其他电视台的剧目传播平台设定也大体类似，只不过更多地带上了鲜明的地方特色。时至今日，打开电视欣赏一台完整的戏曲大戏，依然是戏迷们的一大乐事。中央电视台戏曲频道的CCTV《空中剧院》《九州大戏台》，上海"七彩戏剧"频道的《海上大剧院》，河南电视台梨园数字频道的《看大戏》，等等，都是戏曲剧目传播的重要栏目平台。不出家门，如临剧场，是此类栏目的魅力所在。

这些以播出戏曲演出为主的栏目，其核心诉求是完整、清晰地呈现演出内容。与其他类型的戏曲电视栏目相比，是电视化程度较低的一种。这类栏目涉及的主要课题，是电视这一传播媒介对于戏曲发展的作用与影响。回顾近百年的戏曲发展史，唱片、收音机、电影、电视，乃至网络等新媒体……中国最为传统的戏曲艺术从未停止对新兴传播媒介的借力。新兴媒介的介入，在某种程度上甚至影响到戏曲欣赏角度的侧重。比如唱片的兴起使人们对唱腔更加热衷，彩色电影的出现使观众对于戏曲的表演、服饰增添更多审美需求。电视传播平台的出现，带来的最大影响却是受众数量的激增。正如CCTV《空中剧院》栏目的宣传词所说的那样："空中剧院架彩桥，堂会送到百姓家。"原本只在一个特定剧场演出的剧目，通过电视信号传播到千家万户。就受众数量而言，无疑在极大程度上得到延展，演出的影响力、演员的知名度也相应扩大。对于观众来说，看戏的门槛降低了，不需要购买戏票，不需要跋涉到剧场，只须打开电视机，就能看到一流的戏曲演出，这无疑大大节省了经济和时间成本。

可是，在享受电视这一传播平台所提供的欣赏便利的同时，与之相关的争议与顾虑也随之而来。反对意见主要有这样几个方面。

第一，电视镜头对剧场艺术的破坏。正如瓦·本亚明在《机械复制时代的艺术作品》一文中所说："艺术作品的即便是最完美的复制品也缺少一种因素：它的时间和空间的在场，它在它碰巧出现的地方的独一无二的存在。"① 镜头的呈现无法完全替代剧场观赏。著名戏曲栏目主持人白燕升便认为："电视恰恰毁坏了戏曲的原生态。……我们没有做到电视化，只是一个最原始的、体现不出智慧，甚至不动大脑的记录。"② 停留在原始记录还算是忠实录制，关键是由于导演不清楚剧目的精华，镜头的局限性导致遗漏了重要的看点，"有时还会起副作用，把一些不该夸大的夸大了"。③

第二，电视播出对剧场消费的消解，减少了戏迷走入剧场的可能。甚至是常年活跃在一线的电视工作者，也有人认为"电视以这样一种密集度的频率在播出舞台录像，实际上是对中国戏曲生命力的一种打击"。④

第三，电视播出对戏曲剧目的版权侵害，其影响同样是消解剧场消费。目前戏曲人的版权意识还不是很强，他们更关注的是更大范围的传播和影响。对于版权格外重视的院团也有，比如浙江小百花越剧团坚持走市场，就比较排斥对其剧目的电视录制。

支持也好，反对也罢，要判断此类剧目传播平台的功过，涉及一个衡量标准的问题。如果从培养戏曲观众的角度来说，尽管电视镜头可能会在一定程度上使戏曲演出的呈现形态发生变形，但是电视这一媒介在扩大戏曲影响力、培养争取更多戏曲观众方面的作用是不可抹杀的。对于观众来说，虽

---

① 瓦·本亚明著，张旭东译：《机械复制时代的艺术作品》，《世界电影》，1990 年第 1 期。
② 参见《央视节目主持人白燕升访谈录》。费泳著：《戏曲电视研究》，上海古籍出版社，2012 年，第 219 页。
③ 参见《戏曲专家谭静波访谈录》。费泳著：《戏曲电视研究》，上海古籍出版社，2012 年，第 301–302 页。
④ 参见《上海广播电视台综艺部副总监汪灏访谈录一》。费泳著：《戏曲电视研究》，上海古籍出版社，2012 年，第 184 页。

然剧场体验有电视转播所无法替代的魅力，但是走进剧场欣赏一出心仪的剧目，毕竟要天时、地利、人和方能实现，因而普通观众不大可能如电视播出那般密集地走进剧场。尤其是对于从未接触过戏曲的电视观众来说，有可能就是偶尔跳台过程中的一次停留，便从此走进戏曲之门。如果将观众走进剧场作为判断戏曲发展繁荣的一个标准，情况则要稍微复杂一些。一方面，由于电视观看的几乎零经济成本，以及免去了奔波的时间成本，势必会分流出一部分剧场观众，这在电视直播的情况下体现得更为明显。不过，如果把目光放长一些，还有另外一方面的现象。由于前面所提及的电视镜头的局限性，电视观众往往并不满足于守在电视机前观看戏曲演出。在合适的时机下，他们也愿意走进剧场。而一旦获得良好的剧场体验后，逐渐地就会成为剧场的常客。

对于如何减少电视播出对剧场的分流，有人提出："对于戏迷观众播出的戏曲录像，我们也要在剧场戏曲演出起码半年后才能播出，这样既保护了剧团的利益，又满足戏迷的热情。"① 对此，CCTV《空中剧院》的播出安排是这样的：现场直播的剧目通常包括重大节日的节庆演出、各类纪念活动演出，以及青研班、流派班的汇报演出等。这些演出往往不是纯粹的商业演出，而是具有特殊的文化意义，通过电视直播的形式同步呈现到全国观众面前，带有共襄文化盛举的意味。而对于剧团的常规演出和新排的原创剧目，则采取录播的形式。在时间安排上也有差别。通常常规演出的传统剧目，从录制到播出的周期较短，而新编剧目则通常会与剧团协商，在不影响其商业演出票房的时间点再进行播出。一个典型的例子是越剧《甄嬛》。2014年10月大型古装越剧《甄嬛》作为第十六届中国上海国际艺术节参演剧目在上海天蟾逸夫舞台上演，彼时连演六天，一票难求。CCTV《空中剧院》对其进行了录制后，总有越剧戏迷留言询问何时播出。可以想见，一旦安排播出，收视率想必是可观的。但是，在上海国际艺术节演出结束之后，越剧《甄嬛》又赴温州参加第三届中国越剧节，其后在江浙沪多地的演出均已排到年底，2015年又启动了全国巡演。所以，CCTV《空中剧院》将越剧《甄嬛》的首播时间定在了2015年12月23日（上本）和26日（下本），距离录制

---

① 费泳著：《戏曲电视研究》，上海古籍出版社，2012年，第174页。

整整隔了一年多的时间，这对于栏目的收视率来说可能会有细微的影响，但无疑是最大限度地保护了剧团的票房利益。

第二节　CCTV《空中剧院》的电视理念与探索

　　CCTV《空中剧院》的呈现形式主要包括大戏的直播、录播，以及演唱会、晚会的策划转播。CCTV《空中剧院》是戏曲传播欣赏类栏目的典型代表，其超越一般剧目传播平台之处在于栏目的主体意识和参与意识。它不仅仅是院团剧目的呈现者，同时也是组织者和参与者。CCTV《空中剧院》栏目以"百花齐放、继承创新、强强联合、德艺双馨"为宗旨，同时要求做到"四个精心"，即"精心策划、精心拍摄、精心制作、精心播出"。其电视理念与探索可以从节目内容选择与技术呈现手段两方面入手进行分析。

一、CCTV《空中剧院》的节目内容选择

　　节目内容的选择离不开栏目的定位，对应到"四个精心"中便是"精心策划"。CCTV《空中剧院》作为中央电视台戏曲频道的龙头栏目，其节目内容的选择要综合考虑三点因素：导向、价值、收视。

1. 导向——主流意识形态

　　在很长的一段历史进程中，戏曲作为百姓最主要的娱乐形式之一，兼具有娱乐功能与教化功能，潜移默化地影响着贩夫走卒、乡女村妇的朴素价值观。20世纪以来，随着大众传媒的兴起，电视走进千家万户，其信息传播直观、迅速、广泛，影响力之巨大前所未有。中央电视台作为国家媒体，自诞生伊始便担负起了宣传教化和娱乐的双重功能，只是随着时代的推移发展，两者之间的比重有所变化。在央视的十多个频道中，戏曲频道相对处于边缘的位置，但是其功能与其他频道是一脉相承的，国家主流媒体的导向性和主流意志同样体现在戏曲频道。再加上戏曲本身的教化基因，主流意识形态的宣传导向在央视戏曲频道得到了充分的体现。CCTV《空中剧院》栏目又是

中央电视台"台长工程"、戏曲频道的"龙头栏目",在节目内容的选择上,更会谨慎考虑"导向"因素。

主流意识形态的宣传导向首先表现在配合重大国家事件宣传。以2015年"纪念抗日战争暨世界反法西斯战争胜利70周年宣传高潮期间节目安排"为例,戏曲频道分为两个时间段集中安排宣传节目。在第一阶段8月1日至8月15日,围绕总的宣传基调,集中播出"四个全面""社会主义核心价值观""中国梦""抗战胜利70周年纪念活动"重点节目,力争实现"用导向引领、用深度引人、用作品说话"的宣传目标。对此,CCTV《空中剧院》安排播出了反映"四个全面"的吉剧《焦裕禄》、"中国梦"主题剧目《城市心情》。第二阶段9月2日至9月4日,戏曲频道与主宣频道(综合频道、新闻频道等)形成呼应,以抗战题材为核心全面覆盖,重点推出多项、多类、多角度抗战节目,烘托舆论氛围。在全天20小时排布的优质资源,CCTV《空中剧院》承担了宣传大头,安排的节目有:

表2-1

节目安排	播出时间	节目类型
《"不忘战争,是为了维护和平"京剧交响音乐会》	9月3日10:31、19:20 9月4日17:09	晚会类
《"红旗飘飘"七一戏曲演唱会》	9月3日8:16、14:52	晚会类
京剧《赵一曼》	9月2日6:06 9月3日17:09	大戏类
京剧《杨靖宇》	9月2日14:52 9月3日6:06	大戏类
秦剧《红灯记》	9月2日19:20 9月4日10:31	大戏类
京剧《铁道游击队》	9月3日12:41 9月4日8:16	大戏类
京剧《平原作战》	9月3日21:46	大戏类
京剧《节振国》	9月2日10:31 9月4日6:06	大戏类
京剧《沙家浜》	9月4日14:52	大戏类

这其中有两个主要亮点。《"红旗飘飘"七一戏曲演唱会》是由CCTV《空中剧院》栏目自主策划的一台晚会,在这里CCTV《空中剧院》不仅仅

是晚会的呈现者，更是晚会的编排者。这台晚会以党的历程的展开为主线，以史诗的形式贯穿，从节目内容、串联形式到舞美设计，全力烘托主题，达到了弘扬中国精神、凝聚中国力量的文艺感染力。

另一个亮点是秦剧《红灯记》。这是CCTV《空中剧院》首次来到新疆，录制庆祝世界反法西斯战争胜利70周年，由新疆乌鲁木齐市秦剧团整理复排的秦剧《红灯记》。这次同新疆乌鲁木齐市秦剧团的合作不仅激励了边疆广大戏曲工作者传承中华优秀传统文化艺术、发展戏曲艺术事业的信心，也让那些长期扎根人民、服务群众的艺术工作者得到更多的关注。CCTV《空中剧院》类似的"下基层"活动还有很多，扎根人民、服务群众、宣传坚守一线的戏曲工作者，也是CCTV《空中剧院》主流意识形态宣传导向的一个反映。

CCTV《空中剧院》在选择剧目时，还注意选择传递社会正能量的作品。这在央视已经有数十年的传统了。早在1988年胡恩先生的《浅谈戏曲的电视化处理》中便详细地论述道：

> 我国电视宣传的属性决定了电视戏曲编导要随时了解并掌握一个时期内党和政府所制定的宣传方针，并以此作为选择节目播出时的政治标准。我们的电视台不是一个学术机构。某些有争议的戏曲作品可能在剧院里可以公演，观众的反应也许还不错。但能否搬上屏幕？这就需要有一个尺度去衡量。这个尺度就是看这部作品是否能给予人们健康的、积极向上的娱乐，给人以美的陶冶。①

21世纪的戏曲舞台更为自由，各种实验性戏曲、探索性戏曲也不断涌现。这些作品往往具有一定的争议性。从目前CCTV《空中剧院》的播出情况来看，此类作品并没有纳入到其选择剧目的范畴。这也是出于导向上的谨慎考虑。

2. 价值——欣赏、推广、保存多重考量

如果说主流意识形态的宣传导向是宏观上的剧目选择方向，那么剧目的内在价值则是CCTV《空中剧院》微观而具体的剧目选择考虑了。艺术的高

---

① 胡恩：《浅谈戏曲的电视化处理》，《电视业务》，1988年第1期。

下之分并没有一个统一的评判标准，和其他艺术门类的作品一样，戏曲剧目的内在价值也属于仁者见仁、智者见智。但从CCTV《空中剧院》的栏目定位来说，决定播出一出戏曲剧目，大多是从以下三个角度来判断其价值的。

首先是欣赏价值，这是观众对于剧目播出平台的基本诉求。CCTV《空中剧院》栏目以"百花齐放，继承创新，强强联合，德艺双馨"为宗旨，着重于强化院团合作，树立精品意识。京剧方面，联合11个国家重点京剧院团、17个省级重点京剧院团，以及中国戏曲学院、北京戏曲艺术职业学院等教育基地，共同推出精品剧目。地方戏所合作的，也都是各剧种最顶尖的演出团体。栏目密切与戏曲院团、演出基地联系，召开院团、剧场、专家的联席会，将优秀的剧目列入录制计划。同时，栏目还注重与京剧研究所和国家重点院团沟通，有计划地组织录制一些配合节庆和观众喜闻乐见的剧目，以丰富戏曲舞台和电视屏幕。

推广价值也是CCTV《空中剧院》栏目选择播出剧目的一个考量方面。配合中国京剧优秀青年演员研究生班（简称"青研班"）、中国京剧流派艺术研习班（简称"流派班"）推出京剧新人，展现当代京剧发展中的新剧目、新阵容、新面孔、新风貌是CCTV《空中剧院》自成立之初便担负起的一项使命。青研班、流派班的汇报演出都通过CCTV《空中剧院》的平台传播到全国，京剧青年新秀也因此被全国观众所熟知。

推广价值还体现在"推戏"上。2006年，CCTV《空中剧院》播出了改编版的京剧《四郎探母》，这是栏目首次播出整理剧目。该戏是中国戏曲学院京剧研究所在传统老戏的基础上，经过削枝减蔓的加工整理精简而成的新版本。经过CCTV《空中剧院》播出之后，反响非常强烈，支持、反对之声均有，引发了关于京剧剧目整理的一次热议。如果没有CCTV《空中剧院》的播出，单靠在剧场演出几场，是无法达到这样的影响力的。类似的"推戏"播出还有《谢瑶环》《锁麟囊》等。这些剧目都根据时代欣赏特点进行了去芜存菁的谨慎修改，通过CCTV《空中剧院》的平台获得最大程度影响之后，逐渐被更多的剧团所接受、效仿。

剧种的推广价值还集中体现在CCTV《空中剧院》对地方戏的播出上。2005年，浙江小百花越剧团成立20周年的庆祝剧目《五女拜寿》，是CCTV《空中剧院》第一次播出地方戏。此后，评剧、豫剧、黄梅戏等数十个地方剧种先后在CCTV《空中剧院》亮相。此举使地方戏突破地域性的局限，走到全国的电视观众面前，北方观众可以感受"南国红豆"的曼妙，南方戏迷也有机会欣赏"燕赵悲歌"的雄壮，中国戏曲的多姿多彩在CCTV《空中剧院》的舞台上绚烂绽放。

在剧目的选择上，CCTV《空中剧院》还充分考虑并实现了保存价值。栏目以专业的呈现手段，为中青年的演员们记录下最美好的舞台时期，更为国宝级的老先生们留下了宝贵的影像资料。比如上文所提到的浙江小百花越剧团20周年团庆大戏——越剧《五女拜寿》，通过CCTV《空中剧院》的转播，使得全国的越剧戏迷共襄盛举。此后因四女婿的扮演者傅江风的英年早逝，这场演出已成为了无法复制的绝版。现在再看CCTV《空中剧院》的这场录像，不禁感慨这场无与伦比的演出得到了及时的保存。

中央电视台戏曲频道曾于2015年10月1日到12月31日推出《多剧种百台精品大戏荟萃展播》，其中CCTV《空中剧院》选出了57台，这些体现戏曲表演的最高水平、最亮看点、最佳阵容、最精制作的名家力作，是一次对栏目资源的集中盘点，也是一次近年来戏曲成果的全面展览，CCTV《空中剧院》剧目的保存价值在此次系列展播中得到了充分体现。

3. 收视——大数据时代的戏曲栏目定位

观众走入剧场，是一个主动选择，个体偏好是选择的主要依据；戏迷收看电视，则是被动选择，个体差异几乎被忽略。即便电视台为了弥补这一缺陷，而开通电话、网络、微博等多渠道的观众反馈，也往往是众口难调。那么，如何衡量一个戏曲栏目受欢迎与否，直观的评判标准便是收视情况。

收视率是目前电视台使用的主流收视评判标准，常用的调查系统是"央视—索福瑞"（CSM），其原理是通过样本用户的收视测量来计算节目总的收视情况。这是较为传统的统计法，既然是抽样调查，地区、时段、频道等很多因素都会影响到数据的准确性。大数据时代更为精准的收视分析已经涌现，酷云大数据平台（酷云EYE）便是其中之一。酷云EYE的数据来源于终端的实时数据回传，终端包括智能电视机和机顶盒，基本涵盖中国家庭与电视有关的全部终端类型，截至2015年覆盖的用户已达到4800万，可以说相较于传统的抽样调查要精确得多。

收视压力被誉为悬在电视人头上的"达摩克利斯之剑"，在充分考虑导向、价值的前提下，收视便是 CCTV《空中剧院》在排播剧目时要着重考虑的因素了。笔者跟踪记录了 2015 年 5 月 1 日—9 月 30 日酷云 EYE 数据中 CCTV《空中剧院》栏目晚间黄金档[①]的剧目关注度，以此为依据进行剧目的收视分析。

表 2-2

日期	播出内容	播出形式	剧目平均关注度
5.1	《五一戏曲曲艺晚会》	直播	0.0324%
5.2	京剧《西厢记》	直播	0.018%
5.4	五四青年节京剧演唱会	直播	0.0316%
5.6	京剧《红鬃烈马》	首播	0.0271%
5.9	京剧《八大锤》《断臂说书》	首播	0.0185%
5.13	沪剧《日出》	首播	0.0141%
5.16	京剧《六出祁山》	首播	0.0177%
5.20	越剧《铜雀台》	首播	0.0156%
5.23	京剧《狸猫换太子》青春版（上）	首播	0.0285%
5.27	京剧《狸猫换太子》青春版（下）	首播	0.0364%
5.30	京剧《白蛇传》	首播	0.0206%
6.3	京剧《群英会》《借东风》	首播	0.0168%
6.6	京剧《穆桂英挂帅》	重播	0.0185%
6.10	京剧《三气周瑜》	首播	0.0204%
6.14	京剧《安国夫人》	首播	0.0164%
6.17	黄梅戏《女驸马》	首播	0.0303%
6.20	京剧《屈原》	直播	0.0185%
6.24	尚派折子戏专场	首播	0.0197%
6.27	尚派经典剧目荟萃	首播	0.0183%
7.1	红旗飘飘——七一戏曲演唱会	直播	0.0355%
7.4	"港澳行"京剧《霸王别姬》	首播	0.0196%
7.8	"港澳行"京剧折子戏专场	首播	0.0191%
7.11	"港澳行"京剧《狸猫换太子》（上）	首播	0.027%

① CCTV《空中剧院》在下午档还有重播安排，为进行直观比较，这里记录的是晚间黄金档（19:20）的播出情况，以直播和首播为主。

续表

日期	播出内容	播出形式	剧目平均关注度
7.15	京剧《狸猫换太子》(下)	重播	0.0387%
7.18	评剧《杨三姐告状》	重播	0.042%
7.22	京剧《金龟记》	首播	0.0316%
7.25	京剧《穆桂英挂帅·捧印》《捉放曹》	首播	0.017%
7.29	京剧《温世仁》	首播	0.0149%
8.1	话剧《霓虹灯下的哨兵》	重播	0.0282%
8.5	评剧《金沙江畔》	重播	0.02%
8.8	京剧《楚宫恨》	重播	0.0194%
8.12	京剧《伍子胥》	首播	0.016%
8.14	纪念裘盛戎诞辰100周年京剧折子戏专场（一）	直播	0.02%
8.15	纪念裘盛戎诞辰100周年京剧折子戏专场（二）	直播	0.0193%
8.16	纪念裘盛戎诞辰100周年京剧折子戏专场（三）	直播	0.0225%
8.19	京剧《金龟记》	首播	0.0238%
8.20	黄梅戏《牛郎织女》	直播	0.0312%
8.22	现代京剧《杜鹃山》	重播	0.0159%
8.26	现代京剧《沙家浜》	重播	0.0276%
8.29	现代京剧《赵一曼》	重播	0.0146%
8.31	现代京剧《红灯记》	加播	0.033%
9.1	京剧《穆桂英挂帅》	加播	0.0201%
9.1	京剧《杨靖宇》	加播	0.0035%
9.2	现代秦剧《红灯记》	首播	0.0182%
9.3	京剧交响音乐会	首播	0.0221%
9.5	京剧《生死恨》	首播	0.0191%
9.9	沪剧《邓世昌》	首播	0.0106%
9.12	现代京剧《平原作战》	首播	0.0212%
9.16	现代京剧《红灯记》	重播	0.0308%
9.19	京剧《西施》	首播	0.0191%
9.23	第五届"和平杯"中国京剧小票友邀请赛颁奖晚会	首播	0.0205%
9.26	京剧裘派折子戏专场	首播	0.0147%
9.30	京剧《穆桂英挂帅》	重播	0.0197%

在上表所记录的CCTV《空中剧院》连续5个月的53场播出安排中，京剧依然是最主要的剧种，占到了80%以上。这与CCTV《空中剧院》栏目的收视区域分布有着直接的联系。

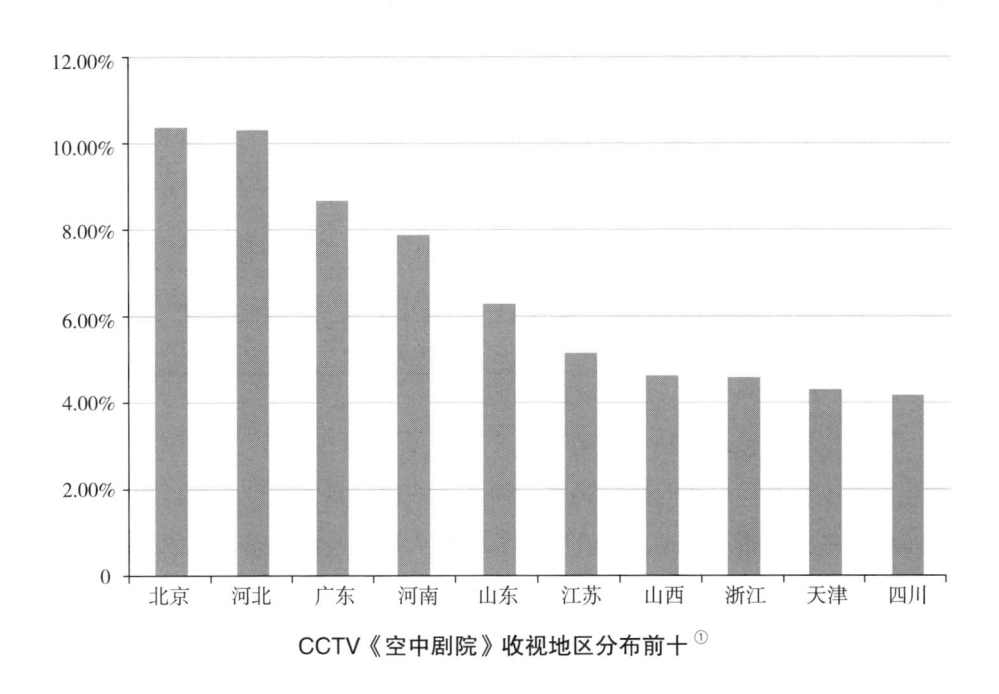

CCTV《空中剧院》收视地区分布前十[①]

CCTV《空中剧院》栏目有一北一南两个收视重镇，北边集中在京津冀、河南、山东，南边则集中在广东。两个重镇的共同点是京剧在当地都比较受欢迎。而上海作为一个京剧重镇，CCTV《空中剧院》的关注度是2.32%，与同为直辖市的天津相去甚远。很大一个原因是上海的七彩戏剧频道分流了部分观众。

CCTV《空中剧院》播出地方戏是比较谨慎的，因为地方戏意味着对收视的考验。就剧目平均关注度来看，目前京剧剧目平均关注度和地方戏是基本齐平的，都在0.02%左右。但是仔细观察分析同时段的八出地方戏，其剧目类型与剧目关注度的关联性非常明显。

---

① 数据来源：酷云EYE。

表 2-3

日期	剧目	剧目类型	剧目平均关注度
5.13	沪剧《日出》	新编戏	0.0141%
5.20	越剧《铜雀台》	新编戏	0.0156%
6.17	黄梅戏《女驸马》	传统戏	0.0303%
7.18	评剧《杨三姐告状》	传统戏	0.042%
8.5	评剧《金沙江畔》	现代戏	0.02%
8.20	黄梅戏《牛郎织女》	传统戏	0.0312%
9.2	现代秦剧《红灯记》	新编戏	0.0182%
9.9	沪剧《邓世昌》	新编戏	0.0106%

地方剧种的经典传统戏如黄梅戏《女驸马》《牛郎织女》、评剧《杨三姐告状》的剧目关注度相对而言较高，而新编戏的剧目关注度则要低很多。京剧虽然两极分化得不如地方戏这么明显，但大体的趋势也是一致的，那就是从题材的受欢迎程度来看，传统戏要比新编戏更受观众青睐。这主要是由于CCTV《空中剧院》的观众群体所决定的。请看央视戏曲频道观众兴趣分布图与CCTV《空中剧院》栏目的观众兴趣分布图。

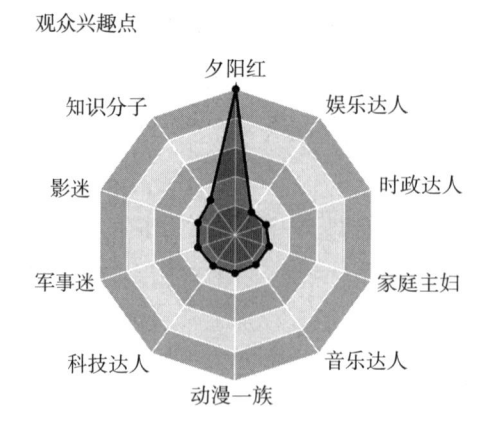

酷云 EYE——央视戏曲频道观众兴趣分布图

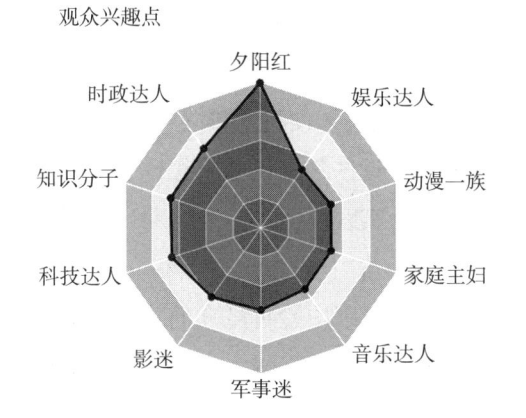

酷云 EYE——CCTV《空中剧院》观众兴趣分布图

一方面，我们欣喜地看到，CCTV《空中剧院》栏目的观众兴趣点相对来说比较广泛，这就意味者收视群体较一般戏曲栏目更为多元。但是另一方面，和其他大多数戏曲电视栏目一样，CCTV《空中剧院》仍然是以中老年人为主要收视群体。这类观众的特点是对传统剧目有着独特偏爱，对于新戏的接受度则不高。因此，大多数新编戏的收视率也都很一般。出于收视考虑，CCTV《空中剧院》在新编戏的排播上也是较为谨慎的，可以看出新编戏所占的播出比重并不高，所选的新编戏也大多是出于导向、价值的考虑，比如京剧《安国夫人》、沪剧《邓世昌》都是歌颂民族气节的作品，京剧《温世仁》是现实题材的歌颂社会大爱的剧目。单从收视的角度来说，CCTV《空中剧院》还是更倾向于播出传统剧目。

当然，一些经过反复锤炼已成经典的新编戏，由于有收视率保证，CCTV《空中剧院》也是热衷的。一个典型的例子是京剧《狸猫换太子》，这是一出情节极其曲折生动的剧目，分为了上下两本。播出实践证明尤其是下本的收视非常好。因而在上述样本分析期限中，这出剧目便播出了两次，如果把时间拉长到全年，把时段放宽到下午档，则这出戏一年的出现频次在10次左右，可以说是非常之高了。

所谓"生书熟戏"，观众是热衷于一出好戏反复欣赏的。CCTV《空中剧院》经过长期的播出实践，总结出了一批深受观众欢迎的剧目，除了京剧《狸猫换太子》(上下本)，类似的还有豫剧《朝阳沟》、评剧《杨三姐告状》、越剧《五女拜寿》等等。这些剧目被用于反复播出，这是CCTV《空中剧院》保证收视的一个举措。相反，有些剧种和剧目在播出实践中被证明收视很差，CCTV《空中剧院》便将之排除在经常性播出的考虑范围之外。昆曲便是一个典型的例子。近些年来昆曲在民间很受欢迎，但是CCTV《空中剧院》却极少播出。因为实践证明，一播昆曲，收视便跌得很惨。其中的原因并不复杂。昆曲的受众集中在知识分子和文艺青年，他们有条件也愿意走进剧场，在剧场的浓郁氛围中聆听昆歌的莺声燕语、观赏昆舞的曼妙身姿。电视观演的随意、荧屏氛围的阻隔、家庭收视的嘈杂，都是阻止昆曲戏迷通过电视欣赏昆曲的原因。因此，尽管昆曲的优秀剧目很多，CCTV《空中剧院》栏目却甚少选择播出。

　　另一个提高收视的举措是增加各类晚会的比重。在播出实践中发现，短小精悍、样式繁多的晚会要明显较多数全本大戏受欢迎。《五一戏曲曲艺晚会》的平均关注度是0.0324%，《五四青年节京剧演唱会》的平均关注度是0.0316%，《红旗飘飘——七一戏曲演唱会》的平均关注度是0.0355%，这些都是CCTV《空中剧院》栏目独立策划、组织的晚会。目前，在重大节日、纪念日推出主题鲜明的戏曲晚会，已经成了CCTV《空中剧院》的一项保留传统，这也是CCTV《空中剧院》通过整合资源、加强合作赢得收视的主动出击。

　　此外，为了提高收视，CCTV《空中剧院》在晚间档的播出剧目前安排了访谈进行预热。访谈大多邀请当日播出剧目的主创人员及相关专家，介绍剧目的创作背景、创作故事等。这是一个"看上去很美"的举措，但是从笔者记录下的访谈部分的关注度来看，效果却不尽如人意。在上述的研究时间段内，访谈的平均关注度大约是0.017%，相对而言剧目关注度高的，访谈也要偏高一些，而剧目关注度低的，访谈的关注度大多不高。而受观众欢迎的热门剧目与那些观众陌生的冷门新编戏，其各自的关注度与访谈关注度的趋势也完全不同。

　　也就是说，对于观众想看、爱看的戏来说，访谈的存在是可有可无的，观众更愿意"直奔主题"；对于从未听说过的冷门新编戏，也许观众出于好奇，会留意一下访谈，但很可惜访谈并没有能够将观众真正留住。因而，这里的访谈便成了一种鸡肋的存在。这也跟目前CCTV《空中剧院》的访谈缺乏深度和吸引力有很大的关系。倘若访谈可以更精彩一些，甚至能够成为不

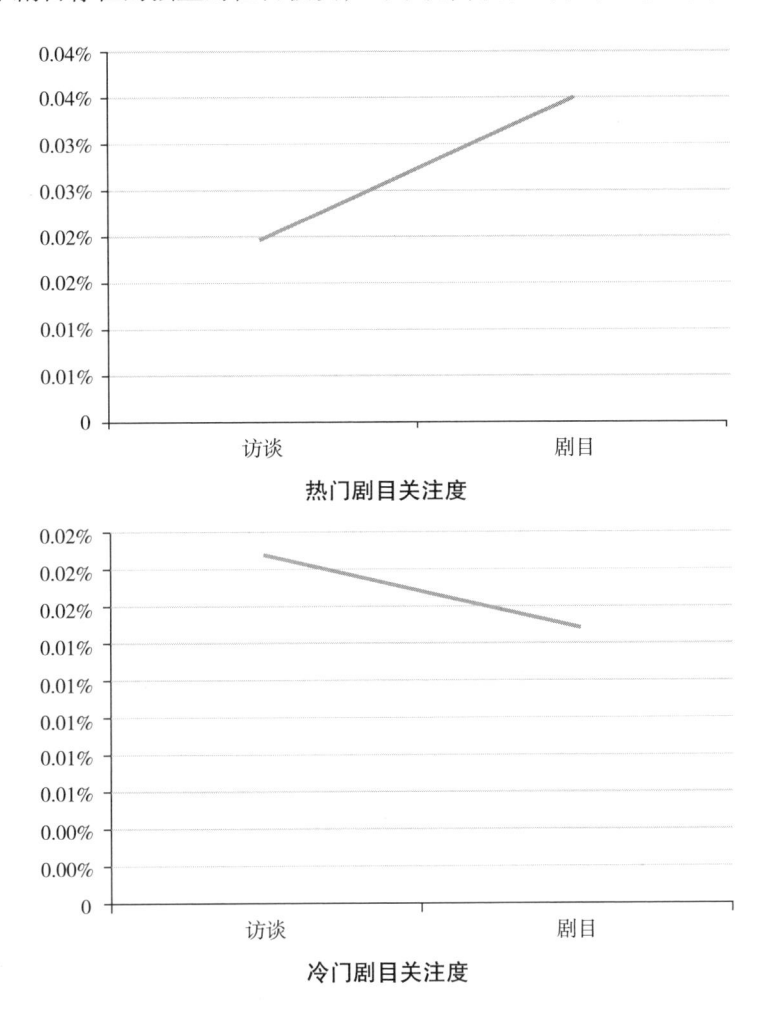

依附于剧目存在的独立的栏目板块，对于提高收视的效果可能会好些。

热门剧目关注度

冷门剧目关注度

二、CCTV《空中剧院》的技术呈现手段

就技术呈现手段来说，所涉及的是电视手段的运用形式与戏曲艺术的呈现效果之间的勾连，早期的戏曲直播比较简陋，只有左、中、右三个固定的机位，受转播条件限制，表演场地是电视台而非剧场。现在CCTV《空中剧院》同样采取固定机位进行剧场实况直播或录制。虽然游机、轨道摄像、大型摇臂和斯坦尼康等设备技术在很多戏曲栏目录制中已经成熟运用，对于剧目呈现也有独特视角功能，但是CCTV《空中剧院》并没有引入，主要原因

是考虑到剧场演出的完整性，CCTV《空中剧院》的录像是以不打扰演员的表演、观众的欣赏为前提的。

实况直播是CCTV《空中剧院》的主要播出形式之一，也是该栏目的一个特长。从电视发展史来看，戏曲实况直播是电视进入中国之后最早出现的节目类型之一，"使用电视这一现代化传播工具，将在某个地区、某段时间里演出的戏曲节目原封不动地（声像同时还原）向其他地区传送、播出，使远离表演地的观众也能在同一时间里欣赏到相同的精彩节目。"[①] 在实践过程中，电视镜头与戏曲呈现不断进行碰撞、融合、创作，逐渐形成了一些适合戏曲播出的电视语汇。杨燕《电视戏曲论纲——呼唤涅槃的火凤凰》中便记载了这样一段故事："1961年5月9日，周总理视察北京电视台，当时演播室正在播出河北梆子《挡马》和《杜十娘》。看了演出之后，周总理……提出建议，在戏曲唱倒板，场院上没有演员时，可以给乐队的演奏员出图像。这小小的建议，不仅把幕后英雄推到了前台，而且丰富了电视戏曲的内涵，通过图像将戏曲音乐部分的表演也表现了出来。这也启发、提示了电视人去发掘电视戏曲的传播特性和独特语汇。"[②] 如果说早期的电视直播还处在原始的尝试阶段，那么自1985年恢复的直播就不是简单的电视手段的回归和延续，而是在更高层次上的发展与探索。当时的电视一线工作者们已经认识到："实况节目的编导既要懂得电视特性，又要熟悉戏曲艺术规律。……运用电视手段对舞台戏曲恰当地进行电视化处理，加镜头的切分、加叠字幕以及幕间后台介绍等，增加了戏曲艺术的感染力。"[③]

电视人常说，"电视是一门遗憾的艺术"，实况直播尤其如此。就像开弓没有回头箭一样，直播信号一旦发出，任何细微的问题都会暴露在千家万户的电视前，绝对没有挽回的余地。同时，由于"摄像机的高度逼真性，决定了电视导演的艺术创造的主体意识必须强化，任何疏忽，都会在屏幕上暴露无遗"[④]，因而直播对电视导演的功力要求相当高。CCTV《空中剧院》汇集了一批电视经验丰富、谙熟戏曲规律的资深导演，他们是保证栏目直播能力

---

① 胡恩：《浅谈戏曲的电视化处理》，《电视业务》，1988年第1期。
② 杨燕：《电视戏曲论纲——呼唤涅槃的火凤凰》，中国广播电视出版社，2000年，第29页。
③ 牛印文：《电视戏曲节目研讨会简记》，《北京广播学院学报》，1987年第1期。
④ 龚和德：《柳暗花明又一村——略谈戏曲与电视的联姻》，《当代电视》，1988年第7期。

的宝贵财富。他们通过总结前人的经验,加上长期的直播一线探索,总结出了一套行之有效的直播理念。

在"四个精心"中,直播的核心是"精心拍摄"。直播时的导演就像战场上的元帅,需要走马布阵、调兵遣将,切换台就是点将台,从容不迫地调动机位,方显得运筹帷幄。对于导演来说,文艺演出、体育比赛因为变化大、调度多,是最难切的。而戏曲剧目更是出出不同、各有特色,其对导演的技术提出了高要求。不出错、多出彩,是央视所有栏目、所有工种的基本要求,对于CCTV《空中剧院》的直播导演来说同样如此。所谓的"出错",常见的比如切飞镜头,轻则会影响呈现效果,严重的甚至会造成直播事故。"出彩"是指以专业的眼光最大限度发挥电视独有的优势。CCTV《空中剧院》的导演们会在拍摄之前做好功课,将剧目中的亮点、戏核烂熟于心,并做好电视呈现预案,提前设置好"双视窗"或"多画面"等电视表现手段,预先设定好插入观众镜头的位置,以保证在直播时能够从容地通过镜头的调度,展现出最恰当的欣赏视角,强化在现场观剧时容易被忽略的绝妙细节,使得观众在通过电视欣赏戏曲时,可以获得超越现场观剧的独特审美体验。

超越现场观剧的独特审美体验,大体体现在三个方面。一是角度的变换。观众坐在剧场,无论距离远近,都只能是固定在一个位置上。而电视直播时,不同的机位通过导演的合理切换,可以在全景、中景、近景、特写等不同欣赏角度之间变换,使得大场面一览无余、重点内容强化突出。二是细节的强调。特写镜头所给出的清晰视角,是即便坐在剧场第一排的观众也难以获得的。三是"声画错位"的特殊观剧体验。人们在剧场看戏时的习惯是,舞台上谁开口,关注的焦点就在谁身上。电视直播时,理论上也是谁在说话,镜头就对着谁。不过也有例外,有时候角色A在说话或者演唱,此时角色B的反应更为"有戏",则镜头可以及时地捕捉角色B,以这种"声画错位"的形式,将最佳的观剧体验呈现出来。

戏曲的录像转播是CCTV《空中剧院》栏目的另一个大类,"主要是通过对舞台戏曲节目的多角度摄像和导演的切割选像以及适当剪辑来解决,目的是通过电视手段使原节目在艺术上得到强化和精化。"[①] 直播固然有很

---

① 林辰夫:《发展电视戏曲的几个问题》,《北京广播学院学报》,1988年第1期。

多优势，但录播也有不可替代的作用。因为直播时导演的处理是一次性的，且必须与现场的演出同步，于是直播时既无法改变演出的节奏，也没有时间进行细腻的编辑处理。而录像转播"可以在后期编辑中剔除现场操作失误的部分和与整出戏无甚联系的部分（如幕与幕间的联接，幕间休息等），并可在后期编辑中注入编导的创作意图，使节目显得更加丰满，艺术处理的效果更为洗练"。①

"精心拍摄"是录播剧目进行后期"精心制作"的基础。CCTV《空中剧院》的导演不仅会在录制前认真看排练，对剧目重点了然于胸，做到心中有数，并且会根据电视呈现效果提出合理的录制要求。为了更好地呈现剧目，"能说戏"是栏目对于导演的专业要求。录制过程中，导演们充分利用多讯道的功能，为后期制作提供丰富的素材。同时，录制中还会留意捕捉情绪饱满、掌声热烈的观众镜头，以便在后期制作中增强气氛。

"精心制作"是录播节目的核心。电视角度的"精心制作"比较直观，包括声画符合播出要求、字幕添加准确，电视表现手段恰当、画面起落的比例节奏合适，与剧目内容、氛围相吻合，等。每逢重要节假日栏目连续播出，片头画面、标识字幕要求整齐划一，用不同的包装方式体现不同节日气氛。

戏曲角度的"精心制作"要求更为细致，不同类型的剧目要求也不尽相同。录播因为涉及后期剪辑的问题，由于剧目时长不统一，CCTV《空中剧院》栏目无法做到完全统一节目时长，但是从全频道节目排播的角度考虑，CCTV《空中剧院》制作的录播剧目时长要求以分钟为单位，一般是通过谢幕镜头以及片尾来调整时长。为了使剧目的节奏更为紧凑，有时候也会在剧目中进行处理来压缩时长，比如剪去舞台演出中为演员更换行头、场上变换布景而增设的过场。

压缩时长以保证剧目精彩性为首要考虑，保持剧目完整性紧跟其后，但有时候出于电视节奏的考虑，还是不得不忍痛割爱。比如有些传统剧目结构松散，CCTV《空中剧院》在处理时会选择性地剪除一些可有可无的过场戏，甚至是次要角色的演唱。基本上后期处理的原则是尽可能地保留剧目的精彩内容，在不损害剧情连贯性的基础上使看点更为集中、紧凑。

---

① 胡恩:《浅谈戏曲的电视化处理》,《电视业务》,1988 年第 1 期。

这里还涉及戏曲节奏和电视节奏的矛盾。这在武戏上表现得较为突出。一开始，武戏的剪辑主要是从戏曲节奏的角度考虑：

> 武打中的刀枪把子，扑翻筋斗，也可以根据剧情发展的需要来进行精减，使其更加精彩洗练；有些戏由于主要人物在武打中需要换戏衣改面妆，往往在中间加一些兵卒、喽啰的武打来垫场。这类武打并不十分精彩，目的只是为给主要角色空出换戏衣的时间，故在后期编辑时，可酌情剪掉。①

但是实践中发现，这样呈现出来还不够。由于剧场观演是集体行为，不仅台上、台下会相互刺激，观众之间也会互相影响。电视观剧则是个人行为，至多也只是家庭行为，少了直接的氛围影响，会使戏迷多少觉得有点"不过瘾"，通过电视观剧也很容易"恍神儿"。较之剧场观剧，电视播出戏曲节目对于观众的黏度要弱很多。这在以激烈火爆、惊险刺激为卖点的武戏上表现得尤为明显，少了身临其境、感同身受的现场感，观众对于电视播出的武戏兴趣缺缺。于是CCTV《空中剧院》的导演开始了从电视节奏出发的探索。在2015年5月9日播出的京剧《八大锤》中，细心的观众会发现，"八锤"的打斗表演被压缩成了"二锤"。这不是出于压缩时长的考虑，而是希望通过人为提升节奏，来留住观众。但是从效果来看，本场演出的收视关注度依然不高，算上后面的《断臂说书》才有0.0185%的平均关注度。而"八锤"变"二锤"的无奈之举也为戏迷所诟病，这是一次失败的尝试。

第三节 "京剧音配像"的专场录像传播形式

以CCTV《空中剧院》为代表的剧目传播平台，主要是通过电视技术的直播和录播，来呈现剧场演出的实况。在用电视手段来传播戏曲剧目时，还

---

① 江则理:《浅谈电视戏曲节目的节奏处理》,《中国电视》,1997年第3期。

有一种有别于直播、录播的电视处理方式，那就是专场录像。"所谓专场录像，就是在充分保证电视对声音、灯光、色调、镜头处理要求的基础上，编导认真地按照剧中人物矛盾的冲突，遵循电视画面蒙太奇的规律设计镜头的组接，并在一定时间内重复录制相同的节目，以求尽可能完整地将其记录下来的电视加工手法。"[①] 专场录像不是一气呵成的，录音与录像往往分步骤进行，再通过后期编辑来合成完整的音像作品。较之一般的实况直播、转播，专场录像有着更高的音像处理要求，相对而言电视化的程度也就更高一些。

顺便一提的是，无论是CCTV《空中剧院》还是《九州大戏台》，都是先有电视栏目，再以栏目团队为创作者来制作剧目。而与之相反的是，专场录像的形式更像是制作一部可供留存、欣赏、收藏的艺术作品，相对应的栏目往往只是作为一个播出平台而存在，其逻辑关系与前者是有区别的。本节要说的典型案例，便是在中央电视台有着长达20年播出历史的《中国京剧音配像精粹》栏目。

《中国京剧音配像精粹》栏目依托于"中国京剧音配像精粹"（以下简称"京剧音配像"）这一宏伟的文化工程。"京剧音配像"是指选取存世的京剧名家唱片，由当代优秀演员为之配像，从而制作出高水平的京剧视听作品。该工程最早是在1986年由李瑞环倡议，于2007年全面完成。21年间先后为115位艺术家的录音进行了配像，共录制剧目460部。"京剧音配像"的价值和贡献，首先在于留下了一套完整、高水平的珍贵资料。为115位高水平艺术家配像，几乎囊括了近百年来京剧各行当、流派名家的代表性剧目，"从1907年百代公司为谭鑫培灌制的《洪羊洞》《卖马》起直至20世纪末，可谓是一部'活'的京剧百年发展史。"[②] 其次是在京剧传承出现危机的特殊时期，抢救、继承了一批京剧表演艺术家的艺术经验，大批中青年京剧演员在给前辈配像的过程中汲取了丰富的艺术营养从而迅速成长，"京剧音配像"用一种特殊的方式"实现表演艺术的隔代传承"[③]。而站在电视戏曲和剧目传播的角度来说，"京剧音配像"在以下两方面的意义和价值也不容小觑。

---

① 胡恩：《浅谈戏曲的电视化处理》，《电视业务》，1988年第1期。
② 叶厚荣等：《功在当代 利在千秋——〈中国京剧音配像工程〉完成感言》，《中国京剧》，2007年第10期。
③ 傅谨：《李瑞环和"京剧音配像"的文化贡献》，《博览群书》，2007年第9期。

第一个方面，严谨细致、富于探索精神的录像手段为戏曲剧目的电视制作提供了方式和范本。在运用电视手段传播戏曲剧目的历史上，首先是现场直播，其次是剧场录像，相对来说，电视化程度更高的专场录像起步要更晚一些。"京剧音配像"通过460部剧目的录制，"在录像技术、灯光设置、镜头组接上，最大限度地应用了现代技术，实现了现代科学技术与中国古老艺术的完美结合"①，将电视手段的应用水平提高到一个全新高度。

专场录像通常是一个音像分离制作、合成的过程。"京剧音配像"的工作主要有：征集并筛选录音—整理录音—确定配像主演与班底—按照录音进行排练—现场配像—后期制作—校对审查—出版光盘—发行销售九项程序。其中录音的整理是剧目配像录制的基础。"京剧音配像"所选取的录音，都是挑选同人同戏的最佳录音，有时候还是多种版本经过择优合成的，并运用高科技手段进行补漏降噪处理。一些密纹唱片或是室内录音的锣鼓相当精简，为了适应舞台表演，需要将原剧中合适的锣鼓提取出来进行拼接。

有一个很典型的例子，就是当年录制的马连良的《失·空·斩》这出戏，在这张密纹唱片中把第一场赵云、马岱、王平、马谡四将出场时"起霸"的锣鼓点给省略压缩了。为保证音配像的完整，录音师把全剧中的锣鼓一锣一锣地摘出来，集成四将"起霸"的锣鼓，然后再一点点剪接镶嵌到需要之处，从而保证了全剧的完整，也保证了录音效果的统一。②

如果原录音中的锣鼓音乐不足以满足全剧的表演需求，就需要在配像时补录，再通过后期的技术处理，将两种不同音质、音色的录音进行统一处理，使全剧录音浑然一体。

画面的处理是使这些珍贵录音立体再现于舞台的关键，也是对电视化提出的更高要求。"京剧音配像"的创作原则是原汁原味保留舞台表演艺术精华，因而其对画面的基本要求是"一方面要保持老艺术家演唱的原汁原味，另一方面又能欣赏到演员的完整表演"③。可以说，电视工作者在面对"京剧

---

① 李瑞环：《在〈中国京剧音配像精粹〉工程总结表彰会上的讲话》，《人民日报》，2007年8月4日。

② 方兆麟：《传承中华民族文化的精卫——〈中国京剧音配像精粹〉背后的故事》，《钟山风雨》，2004年第4期。

③ 叶厚荣等：《功在当代 利在千秋——〈中国京剧音配像工程〉完成感言》，《中国京剧》，2007年第10期。

音配像"时，始终处于一种"戴着镣铐跳舞"的状态，既需要在既有录音、既定形式的约束下"循规蹈矩"，又尽可能地尝试着电视手段的合理运用。最终，"京剧音配像"的处理方式是在不破坏京剧艺术本体的大前提之下，尽可能地运用电视技术手段达到"戏曲舞蹈画面构图精美，镜头语言准确流畅，还原舞台，高于舞台的视听效果，使戏曲人物形象更加饱满，细部表演更为突出，原有的舞台效果更加强烈"①的效果。

观众坐在电视机前欣赏剧目，其观赏体验与在剧场观剧有很大不同，这就要求"京剧音配像"通过符合京剧规律的电视化处理，来尽可能地还原剧场看戏的真实感。

在剧场演出时，舞台高于观众座位，观众看戏的视线是仰视的；传统戏的表演与习惯与之相呼应，以便让观众看清楚。音配像的现场没有观众，便于摄像机位的摆放和调整，在机位设置好以后，可以更好地发挥多机拍摄的优势，因此，我们对机位架设的角度、位置和高低做了精心的设计和调整，给观众以在剧场看戏的视觉效果。②

同时，"京剧音配像"作为舞台艺术与电视艺术的一个结合体，并不满足于对舞台表演的完全忠实还原、记录，在不破坏剧目完整度、表演整体性的前提下，如何运用镜头调度，来呈现出优于剧场观剧的审美体验，是"京剧音配像"在录像中的一个更高追求。节奏是戏曲的灵魂，镜头的切分、剪辑恰恰可以完美地配合上剧目节奏的需求。比如，在"京剧音配像"的后期制作过程中，利用出入画、分切等方式剪除二道幕，净化检场过程，从而有效地加快了舞台节奏。加快节奏的例子还体现在"导板"这一细节上，通过电视画面来填充空荡的舞台画面，从而在不改变舞台节奏的基础上，以丰富的视觉刺激来有效地加快观赏者的心理节奏：

戏曲演出的幕后唱"导板"，是让电视导演伤脑筋的难题，有的二黄导板（如《逍遥津》）一句要唱两分来钟，台上空无一人，镜头画面只能干巴巴地等待演员唱完登场。在音配像摄制过程中，采用了电视特技"抠像"的方式，把幕后演唱者"抠"放在天幕上，让观众看得见，电视画面也就不再

---

① 阎德威：《发挥电视艺术　弘扬京剧艺术》，《艺术百家》，1998年第4期。
② 阎德威：《让绝唱立像荧屏——电视导演札记》，《电视研究》，2003年第2期。

是空荡荡的舞台了。①

空舞台需要通过镜头填充，而过满的舞台则需要镜头予以简化。为了使电视画面呈现干净、凝练，录制"京剧音配像"的摄影棚，要比实际演出的舞台小。因而在场上人物众多的时候，画面就容易显得拥挤，压缩了的表演空间也容易打破观众的观赏节奏。电视导演通过镜头空间来扩大舞台空间，使观赏的心理节奏放缓，从而突出重要人物的表演节奏。"京剧音配像"的重要参与者、马派名家迟金声就曾经在访谈中举过这样一个例子：

谭富英先生的《摘缨会》，头场是楚庄王在渐台设宴犒赏功臣。舞台的场面很大，当中两张桌子（高台），楚庄王坐在上面桌后，左边平摆两张桌子，后面坐两个朝官、两个牙将，右边与左边相同也是两张桌子后面坐朝官、牙将，这个场面把舞台占得很满，楚庄王吩咐宣许妃娘娘上渐台，四宫女引许妃出场。在舞台把五个人挤出的一刹那，荧屏的效果很不好看。于是在具体配像的时候，就采用了电视分切的手段，切出一个空画面由四宫女引许妃出场、走出画面，再切入那个大场面的全景，她再入画，这样就等于把舞台拉长了。②

京剧是"角儿"的艺术，主演的一举一动是观众关注的焦点。在电视录像时，不同角度、巧妙构思的特写镜头的合理运用，有效地放大了舞台表演的效果：

《四进士》的"盗书"一场，宋士杰偷偷地从差役行囊中取出书信，精神高度紧张，手臂颤抖，在舞台上背着身子，观众是看不到他的表情的，配像时就用侧面机位拍摄，做了补救。③

有时候，镜头的运用是出于特定情境的需求所进行的有效补充。比如京剧《三堂会审》中，在苏三被要求"朝上跪"的时候，运用"反打"镜头表现苏三的正面表情，这是传统剧场观剧所无法看到的。此外，通过镜头的交替切换，来捕捉台上演员的重要反应，为观众提供更为全面、兼顾的审美体验，也都在"京剧音配像"的录制过程中得到了很好的实践。

---

① 阎德威：《让绝唱立像荧屏——电视导演札记》，《电视研究》，2003年第2期。
② 之华：《来径苍苍横翠微——迟金声导演谈中国京剧音配像》，《人民政协报》，2002年6月4日。
③ 阎德威：《让绝唱立像荧屏——电视导演札记》，《电视研究》，2003年第2期。

"京剧音配像"全程有深谙舞台规律的表演艺术家指导、把关,有活跃在京剧舞台最前沿的翘楚们配合,这为电视导演的经验积累、规律总结提供了极大的便利。电视导演在"京剧音配像"中所表现出的专业化,得到了资深戏迷的认可和好评,从一个细节就可以看出:

过去看一些电视转播京剧,常常觉得转播者不十分懂戏,或者说不理解观众心理,不会看戏。……就拿上场门演员"出台亮相"来说,特别是主角名演员,过去讲究有"碰头好",这个"好"是恰在表演者走出边幕的一瞬间,而不是出来几步以后的定身亮相。……电视导演常常忽略,总是在那一瞬间,摄像镜头常是不转向左边,不对准上场门,现场观众都叫好了,电视机前的观众干着急,看不着。接着,掌声快停了,导演才给表演者一个停顿的近景。完全把气氛、把观众的兴致"耽误"了。现在,当我看第一出京剧配像《四郎探母》时,就欣喜地为杨四郎的边幕出场镜头叫好!您可不知道老戏迷对这种关键性小"过节"的兴奋心情。①

当然,这种成长不仅仅表现在电视导演身上,镜头所对准的演员,作为呈现的主体对象,也在"京剧音配像"的录制过程中,丰富了面对镜头的经验:"有经验的演员镜头意识一般很强,善于把握机会,在镜头前展示人物的心理和情绪变化,如果导演切换准确、及时,就能够默契配合,相映生辉。"② 具体到一些细节上,演员也逐渐摸索出电视呈现的规律和心得,比如演员会根据镜头的需求来调整妆容。舞台演出时,观众与演员的距离较远,这就需要浓墨重彩的舞台妆来达到视觉上的平衡。而清晰的镜头缩短了观赏的距离,尤其是特写镜头更是具有放大的效果,因此如果妆容过红、过重,在镜头里便不好看了。因此演员会根据镜头需要,"把妆改得颜色浅一点,眉眼的勾画不要太粗,要纤秀一点。还有片子怎么贴,花戴几朵、戴在哪里都要找最好的方式。"③

从电视戏曲传播的角度来说,"京剧音配像"第二个突出的价值在于,普通的电视观众通过《中国京剧音配像精粹》这一栏目,欣赏到了大量原汁

---

① 成玉:《聊聊京剧音配像》,《中国京剧》,2002 年第 4 期。
② 阎德威:《让绝唱立像荧屏——电视导演札记》,《电视研究》,2003 年第 2 期。
③ 甯甯:《在"音配像"中成长——访北京京剧院、国家一级演员王蓉蓉》,《人民政协报》,2002 年 7 月 9 日。

原味，乃至可以说是古色古香的京剧传统剧目，这对于京剧的电视普及功不可没。"京剧音配像"在中央电视台的播出可以追溯到1996年5月，通过电视播出，"京剧音配像"走进千家万户，极大增加了这一文化工程的社会影响力。

虽然"京剧音配像"的初衷和主要目的"不是拍摄制作一批供戏迷欣赏的京剧VCD"，"京剧表演艺术的传承从一开始就是工程的核心目标"[①]，但是这一宏伟工程的参与者们很早便意识到"京剧音配像"的多重社会文化价值——它既是京剧流传的有形载体，也是传承艺术的无形之师，同时还是培养观众的特殊剧场。在"京剧音配像"走过的这二十多年里，京剧尤其是传统京剧，在剧场演出中呈现出的是日渐式微的境况。对于钟爱传统剧目的资深戏迷来说，他们在"京剧音配像"中得到了满足和慰藉。尤其是对于票友来说，从唱戏到演戏，"京剧音配像"为票友提供了最规范的样本。不仅如此，甚至还有一些经历过京剧黄金时期的老戏迷，借助"京剧音配像"的启发，回忆起当年看戏的种种并记录下来，"要把这些材料给学戏的后辈看看"[②]。所谓"礼失而求诸野"，这些来自戏迷的宝贵资料，对京剧继承的补全作用不可小视。

"京剧音配像"工程实施的基础是一大批京剧前辈留存下来的唱片。而回顾唱片在中国的进入和发展便可以看出其对于京剧在民众间的传播和审美的巨大影响。早年间，唱片作为"洋玩意儿"进入中国，与本土的京剧并无瓜葛。但随着百代等公司嗅到巨大的市场潜力，开始录制京剧名家唱片后，京剧唱片逐渐走入百姓家。人们常说唱念做打"唱"居首位，至今大概已无法准确判断出，到底是先重京剧之"唱"而后方有京剧唱片之盛行，还是因为有了唱片这种传播形式才使得"唱"在京剧各种艺术样式中显得尤为突出。但不可否认的是，京剧唱片的兴起和传播，促进了戏迷票友对唱工的热衷。于是，随着京剧唱片的盛行，也涌现出了一大批热衷于演唱的京剧票友。毕竟，那是一个录像还是稀罕物的年代，票友要想学一出剧目的表演，要么请专业的老师教，至少也要时常泡在戏园子"偷师"，相比之下，跟着

---

① 傅谨：《李瑞环和"京剧音配像"的文化贡献》，《博览群书》，2007年第9期。
② 肖海鹰：《音配像成了戏迷的"良师益友"》，《光明日报》，2002年4月29日。

唱片摹拟唱腔则要方便很多。

随着录像的出现，戏曲也在第一时间亲近了这种新兴技术。戏曲电影和舞台录像是主要的应用形式。但是，由于戏曲电影的特殊拍摄手法，使得其影像呈现有别于舞台演出，而舞台演出录像又往往具有一定的随意性，剧场的环境、演员的状态、相互的配合都有可能影响演出的实际效果。而"京剧音配像"是选取最合适的演出阵容，经过反复的研究、排练、剪辑制作而成的，对于戏迷票友来说，其所提供的版本最为规范、精准，是最有据可循、有本可依的临摹范例。

天津京剧票友戏迷协会会长刘增介绍说，以前戏迷学戏，只能请老师，要花钱，还要找时间。现在音配像每天都在身边陪着你，不仅可以学声，而且可以学样，所以戏迷"彩唱"的多起来了。有了音配像这个规范的样板，现在连大戏也可以排了。①

可以看到，随着"京剧音配像"剧目在电视台的播出、VCD 的出版发行，以及网络资源的日益丰富，"京剧音配像"成为了票友们学戏票戏的一个新工具，越来越多的京剧票友将"京剧音配像"的剧目作为临摹的"戏帖"，甚至戏称为"入帖弟子"。

当然，对于此类相对于普通观众更为钻研的票友来说，剧目的欣赏和单纯的临摹，未必能够充分满足他们的需求——他们更想知其然，又知其所以然。早在"京剧音配像"第一期工程完成前后，戏曲理论家朱文相便曾提出："电视台戏曲频道可开设《中国京剧音配像精粹评说》栏目。在播出某剧目的前后，由有关艺术家、研究家等，对该剧目及其演唱艺术特点进行评说。"②虽然这一创意在中央电视台戏曲频道的《中国京剧音配像精粹》栏目中没有实现，但是在由天津电视台、天津市中华民族文化促进会共同开设的《京剧音配像赏析》栏目中得到了施展。该栏目于 2013 年开播，是一档围绕"京剧音配像"展开的专题性戏曲栏目，突出的知识性、艺术性和趣味性是栏目的定位和追求。由于"京剧音配像"工程的创意、实施都离不开天津这一戏曲曲艺重镇，天津电视台也正是利用这一得天独厚的地理人文优势，请

---

① 肖海鹰:《音配像成了戏迷的"良师益友"》,《光明日报》, 2002 年 4 月 29 日。
② 朱文相:《松竹相招起茂林　清风生翠自成荫——音配像精粹·博物馆艺术·人文绿化工程》,《光明日报》, 2002 年 6 月 26 日。

来了当年曾参与到"京剧音配像"工作中的导演、演员,以及戏曲理论家们,通过访谈、讲解和欣赏相结合的形式,为观众讲述"京剧音配像"台前幕后的故事、讲解京剧传统剧目的艺术特色、剖析剧目的独特看点。总之,《京剧音配像赏析》栏目突破了单纯的剧目播放,使"京剧音配像"的各个方面更为立体地呈现到观众面前。

在中央电视台戏曲频道,对于"京剧音配像"的探索也并未停止。2015年,戏曲频道以"传承一批经典、留下一批精品、带出一批人才、积累一批家底"为目标,在《中国京剧音配像精粹》这一保留栏目的基础上,又全新设立了《中国京剧像音像集萃》栏目。栏目经过缜密的立项和制播工作后,于2016年1月正式开播。

"中国京剧像音像"(下文简称"京剧像音像")是继"京剧音配像"工程之后的又一项振兴京剧艺术的文化工程,旨在留存当代戏曲艺术家的创造成果和艺术精华。它遵循京剧艺术的自身规律,充分运用现代化的先进科技手段,对当代优秀京剧演员的代表剧目,采取先在舞台取像,然后由本人录音、配像,最后录制合成的方式,力求使音与像都达到最完美的艺术效果,因此可以说"京剧像音像"是一项"不留遗憾的精品工程"。"在当代名家风华正茂的时候,把他们演出的经典和优秀剧目录制下来,不仅是作为'时代的记忆'保留,而且更重要的是,可以避免前人录音因年代久远,在质量和完整性上存在的缺憾,供观众欣赏、后学参照,以有助于艺术的普及与传承。"[①] 同时,由于"京剧音配像"受到录音资料的局限,以唱功为主的文戏占有绝对比重。"像音像"在这方面也有所突破,更能反映当代京剧艺术发展的全貌。

2015年,"京剧像音像"录制的剧目就已经在《中国京剧音配像精粹》栏目中陆续播出,随着《中国京剧像音像集萃》栏目的设立,"京剧像音像"剧目的播出平台更加固定下来,一方面加大了剧目播出在频道排播中的比重,另一方面也使这些代表当代优秀京剧演员最佳表演和演唱状态的作品通过荧屏,进入千家万户,让广大观众领略到当代优秀京剧演员的艺术风采。

---

① 刘连群:《"京剧像音像":中国原创的民族文化传承工程》,《光明日报》,2016年4月11日。

从电视技术的角度来说,"京剧像音像"也延续着"京剧音配像"对电视手段记录戏曲剧目的探索。不论是舞台的设置、灯光的布置还是电视的切换,都采取最先进的技术理念并根据切实的剧目需求来进行调整:"如为让观众看录像时能有剧场的欣赏感受,同时便于后人作为学习、传承中的参照,'像音像'的摄录更突出一定的舞台感,主、配演角色之间的相互呼应,保留重点的上、下场身段表演和部分全景场面等……"①

从"京剧音配像"到"京剧像音像",以专场录像的形式来进行剧目的留存与传播,可以说是一次规模浩大、成果丰富、效果显著的尝试。从探讨电视戏曲栏目的发展角度来说,虽然《中国京剧音配像精粹》《中国京剧像音像集萃》栏目更多地是作为这一浩大工程的播出窗口、展示平台而存在,但是其作为载体的价值也不容忽视。一方面,电视工作者参与到录制过程中,积累下丰富的录制经验;另一方面,广大的戏迷、票友通过电视屏幕了解、欣赏、学习这些剧目录像,扩大了京剧传承的群众基础和民间根基。此外,"京剧音配像"的影响力还辐射到了姊妹剧种以及兄弟电视台。例如,上海文广新闻传媒集团 2002 年制作的《绝版赏析》栏目,最初就主要是借鉴了"京剧音配像"的思路。②

---

① 刘连群:《"京剧像音像":中国原创的民族文化传承工程》,《光明日报》,2016 年 4 月 11 日。

② 叶厚荣等:《功在当代 利在千秋——〈中国京剧音配像工程〉完成感言》,《中国京剧》,2007 年第 10 期。

第三章
电视戏曲栏目的综艺化探索

第一节　电视戏曲栏目"综艺化"现象

纵观全国各地的电视戏曲栏目发展态势，有一种明显的态势，就是越来越多的栏目出现"综艺化"的走向，尤其是在几个著名的电视戏曲栏目"综艺化"实践取得很大成绩以后，"综艺化"现象成为电视戏曲人关注和议论的话题。

实际上，新世纪以来电视戏曲最大的探索就是电视戏曲的"综艺化"尝试，综艺化手段的运用，是努力摆脱电视单纯作为戏曲的传播媒介的惯常认识，更积极地以电视为主体，以戏曲为内容资源，充分运用当代观众喜闻乐见的电视娱乐手段，包装戏曲、营销戏曲，一方面使戏曲成为电视竞争的文化资源；另一方面很大程度上激活戏曲本体，使戏曲充分展示魅力。电视戏曲的这种"综艺化"态势，是通过一些栏目的成功运作来实现的，其间，安徽电视台的《相约花戏楼》、陕西电视台的《秦之声》、河南电视台的《梨园春》等栏目办得最有声有色，特别是河南电视台的《梨园春》栏目，在取得很高收视率和美誉度同时，也成为推广豫剧甚至中原文化的一个平台，在全国有着很大影响。这些电视戏曲节目，积极借鉴当下流行的电视综艺形态，将擂台比赛、选秀竞争、文化专题、综艺晚会等样式熔于一炉，又始终突出剧种特色和地域风采，使得节目具有相当可视性。"综艺化的本质也是向电视化的迈进，……通过电视自身丰富的表现手段和较快的节奏，使戏曲这一传统艺术样式在电视的包装、打造下为更多观众所接受。"[①]在电视戏曲蓬勃发展、方兴未艾的今天，研究和探讨"综艺化"现象，无疑是有意义的。

一、综艺化的本质是电视化

所谓电视戏曲栏目的综艺化，是指改变以往电视仅仅作为媒体，平面

[①] 滕海涛、颜全毅：《浅谈电视戏曲综艺化现象》，《电视荧屏》，2006年第2期。

单一地向观众传播戏曲的演出或者知识的传统手法，相反，它以戏曲作为材料，通过电视现场节目的不同版块，融欣赏、知识、信息、参与和竞技于一体，在主持人的带动下、参加演出人员以及现场参与观众多方面的积极参与中，形成强烈的收视效果。节目形态多元化了，节奏也比单纯欣赏或介绍型的节目明显加快，适应了现代观众的口味。综艺化的本质也是向电视化的迈进，电视不仅是一种传媒的介质，在电视艺术日益发展的今天，电视本身具有了独特的艺术表达和创造方式，通过自身丰富的表现手段和较快的节奏，使戏曲这一传统艺术样式在电视的包装、打造下为更多观众所接受。

这些年电视栏目的发展迅速、节目形态多样化，尤其是一些娱乐类的节目样式，花样翻新、形式新颖，而相比较起来，传统的电视戏曲栏目形式过于单一，欣赏类的以编辑唱段为主，专题类的以戏曲知识、文化背景作为表达主体。这些传统的节目样式有个相当突出的缺陷，那就是对观众参与意识的疏离和缺席。节目总是习惯性地告诉观众什么、观众被动地接受什么。一些文化专题在节目中观众意识的缺席固然能被理解，其文化感很强的画面和叙事方式能单向地给观众带来审美愉悦和遐思；更多的电视戏曲栏目本来是在观众对戏曲的喜爱和热情参与基础上产生的，如果脱离了观众参与电视的热情，节目就会越办越狭窄，缺乏生机。

正是在这样的背景下，一些电视戏曲栏目及时地吸收成功的综艺节目样式、积极地改变节目形态、调动观众参与的热情，使电视戏曲栏目呈现出了活泼清新、富有生气的新气象。这是近几年来电视戏曲栏目发展的鲜明特色，一些走"电视综艺化"的电视戏曲栏目，不但吸引了原有的戏曲观众群，更带动了新的电视观众进入电视戏曲观众范畴。一方面，这些栏目为自己创下了很高的收视率，另外一方面，由于电视强大的传播功能，这些栏目又为戏曲争取了新的观众，形成一定意义上的良性循环局面。

在全国的电视戏曲栏目中，安徽电视台的《相约花戏楼》、河南电视台的《梨园春》、陕西电视台的《秦之声》是较早走综艺化路子并取得很大成功的几个代表性栏目，我们不妨以这几个栏目为代表，分析电视戏曲栏目综艺化现象的特色及其收视核心的构成。

《相约花戏楼》栏目的前身是安徽电视台早在上个世纪80年代末就创办的《花戏楼》，就像全国众多省台自办的戏曲栏目一样，《花戏楼》也以介绍本省地方戏和院团情况为主，同时播出一些戏曲唱段，满足一些固定的观众，当然，这样的观众数量是相当有限的。1999年，受当时风起云涌的综艺栏目热潮影响，《花戏楼》栏目全面改版，改版的方向就是综艺化，突破传统戏曲节目纯粹的欣赏或者专题介绍，改为以戏曲为核心、观众积极参与的娱乐节目，"娱乐"成为更名为《相约花戏楼》后这档戏曲栏目的中心追求。"生旦净末丑，相约花戏楼；说学逗唱样样有，让你乐个够。"这句开场语体现了以戏曲为基本因素，以"乐"为目标的栏目定位。

《相约花戏楼》以戏曲立足，自然要考虑戏曲特色在综艺性节目中的基础性地位，必要的欣赏性和知识性节目依然保留，但通过"游戏化"手段前后贯穿。像在原有的戏曲名家名段和以传授戏曲知识为主的"学一招"基础上，增设"名家说戏"版块，对于名家名段版块中所展示的戏曲片段，有演员对观众进行详细介绍和鉴赏，包括故事背景、艺术特色甚至背后有意思的故事。在紧接着的游戏版块中，让观众跟随演员一同进行了对"经典"的学习和模仿，在一个个并不标准的"山膀""云手"的亮相过程中，观众更深理解了戏曲艺术的精深和博大，也调动起观众的参与热情。

综艺化的追求使戏曲栏目的版块必须要多样化，有层次，才能使观众连续地热情投入，最终达到"娱乐"的目的。也就是说，要在"戏曲"这个基本的"土壤"上精耕细作，玩出花样来。河南电视台的《梨园春》和陕西电视台《秦之声》在版块设置上有一定的相近，都是力求把展现戏曲精华与观众参与结合起来。《秦之声》分为五个版块："精彩亮相"是选拔戏曲唱、念、做、打的精彩片段，展示出戏曲的神韵，而在"梨园春"的开场也是一段原汁原味的戏曲片段；"戏曲小品"版块用当地戏曲剧种演绎现实生活中的热门话题或者小事件，一般短小精悍、幽默风趣，在《梨园春》中，"戏曲小品"更是占有很大分量，常用豫剧、曲剧等剧种串演的小品，切入生活、主题明确，能引起观众会心的微笑，因此很受欢迎；"经典欣赏"是又一次对戏曲主题的强化，在《梨园春》中，戏曲经典片段也是几次穿插在节目的中间，这类版块能牢固地吸引着原有的观众群。《秦之声》另外两个栏目分别为"戏迷乐园"和"戏迷大叫板"，这是最吸引观众眼球的竞技性版块。前者类似于《相约花戏楼》是"学一招"版块，由专业演员做示范，现场观众上台进行模仿。"戏迷大叫板"这种戏迷演唱擂台赛的形式，则是包括《秦之声》《梨园春》《相约花戏楼》在内大部分综艺化戏曲栏目的黄金招牌，是为这些栏目争取到很高收视率的基础，其中，尤以《梨园春》做到极致。《梨园春》没有类似"学一招"的版块，但其"戏迷大擂台"在一次节目中却要开赛两次，在每期时长为110分钟的节目中占到40分钟，可见这个擂台赛受欢迎的程度。

《梨园春》在电视界之所以被视为一种现象，是因为其极高的收视率和轰动效应。据统计，该栏目每周平均收视率为25.85%，最高时达到了35.7%，从1999年改版后到2000年底，收到观众来信30多万封。《梨园春》也引起了电视戏曲栏目收视的一个高潮。《梨园春》的成功最主要的原因在于戏迷擂台赛的火爆，该节目巧妙运用竞技性栏目的制胜法宝，用高额的奖金和众多的奖品，激励戏迷参赛，促进比赛的激烈程度和观赏性。在2001年的除夕，该栏目以8小时的直播，选拔上一年擂台赛的总冠军，奖品为一辆高级小轿车。由于现场竞技的刺激性、花落谁家结果产生的悬念，《梨园春》居然改变了相当一部分观众除夕欣赏春节晚会的习惯。《梨园春》的成功其实就是极大地强化了观众对栏目的参与感，而观众参与意识，正是戏曲综艺栏目的核心。

二、观众的参与与平民化风格的确立

意识到观众参与能形成强大的亲和力和号召力，是走综艺化路子戏曲栏目赢得众多观众的基础。在传统的电视栏目中，是很难想象以非专业人群的艺术表演作为节目中心来吸引观众的。电视戏曲栏目是在传统的综艺性栏目如《欢乐总动员》《快乐大本营》等以专业演员与普通观众互相联欢、互动竞技的游戏娱乐类节目竞争中处于下风，互动型娱乐节目掀起收视热潮的局面下，才进入"综艺化"的实验，并把戏迷擂台逐渐发展为节目的重心。实际上，戏曲类栏目恰恰特别具有"互动"与"竞技"的基础。这是因为，中国地方戏曲深厚的观众基础和群众对于戏曲表演艺术的熟悉，为电视节目的制作提供了众多丰富的资源。中国的戏曲剧种数量众多，而能为全国百姓喜闻乐见的剧种也有数十个。《梨园春》《秦之声》《相约花戏楼》这几个栏目所在省份的豫剧、秦腔、黄梅戏，都是流行于全国，众多经典为老百姓熟悉、喜爱并能上口演唱的戏曲剧种。在这些剧种长期的流行过程中，不仅拥有了大量拥趸，而且由于戏曲唱腔、音乐一般来源于民间曲调，顺口易歌，能很好地演唱甚至进行表演的群众数量也相当不少。这样，一旦电视栏目把目光对准百姓，调动起他们参与的热情和欲望，节目也自然拥有了不断的节目源和更多观众的期待。《梨园春》就是典型的例子，在节目最初准备将戏迷擂台定位为中心时，编导们也曾担心参加打擂的观众资源会很快枯竭。而事实上，观众参与的踊跃性和水平之高，出乎主办者的预期。每一期的《梨园春》戏迷擂台赛两组八个戏迷，常常是从二百多个报名选手中挑出来的。

《梨园春》《秦之声》《相约花戏楼》的成功其实是对"民间力量"的发现和做大。在80年代中期以后，由于娱乐方式的多元化，戏曲处于不太景气的状况，市场萎缩、演出减少，相应地，电视戏曲栏目收视率也不能高企。而由于戏迷大擂台这种节目的出现和升温，戏曲电视栏目收视率猛然抬升，《梨园春》在其所在的河南电视台始终收视率排行第一，平均二十多点的高收视率在全国电视戏曲栏目中也是数一数二的；《秦之声》创办十多年来，收视率在陕西还一直算高，在改版定位为"戏曲综艺栏目"后，收视率跃升为陕西电视台各类自办节目的第一；《相约花戏楼》在全国率先进行了"综艺化"的实验，创新频频，也得到了观众很好的回馈，在综艺类和游戏类节目竞争激烈的安徽电视台，排在二、三位之间。在电视节目竞争日趋激烈的今天，这样的收视率表明了电视戏曲节目以群众参与为中心方式的成功。参与性节目也很多，但正是因为中国民间所蕴含的数量庞大和高质量的戏迷队伍，给予了此类节目持续的新鲜感。为观众熟悉、喜爱的戏曲唱段集中的展示，再加上竞技性的刺激引起观众的审美满足和观赏需求；又因为民间参与者不为观众熟悉，在日常节目的擂台竞技中，就会经常不断地出现惊喜，让观众产生愉悦；与电视观众一样身份的参与者的热情介入，又引导了前者的心理上的认同和投入，这些，都构成了以戏迷打擂为中心的戏曲综艺性节目独特的魅力。而对中国民间的表演艺术资源，主要是地方戏曲来说，在这样的竞赛性表达中，一方面为电视戏曲栏目提供了难得的发展机缘，同时也为自身的延续和扩展找到了一种方式。

因为戏迷竞技节目取得了相当数量电视观众的认可和喜爱，电视戏曲栏目更加重视观众参与热情对一个栏目的支撑意义。有些栏目也因而对整个栏目的整体定位进行了重新的调整，让栏目风格和审美追求完全平民化。例如，《相约花戏楼》在改版中，就把"平民化风格"作为栏目整体风格诉求，即整个栏目的中心人物就是戏迷，将原来的以戏曲名家表演、说戏、与观众游戏同乐为中心的脉络转变为戏迷参与为主体，栏目定位在普通人的戏曲爱好和自我表现上，让戏迷充分展现自己的风采，同时把戏曲的知识和信息穿插在富有悬念和刺激的竞答中。追求平民化的叙述风格，使得《相约花戏楼》更大程度地成为戏迷和普通艺术爱好者表现才华的天地。在这里，戏迷和现场观众不是陪衬，而是节目的主体，他们不仅要完成竞技打擂的环节，还要成为戏曲知识传达的向导。在每次节目的开端，戏迷参与者便以抽签的方式按生、旦、净、丑四种行当的脸谱分成四队，与台下观众队伍相呼应。此举既强化了戏曲的概念，也增强了现场上下的合作意味。现场观众用举脸谱方式选出自己最欣赏的打擂者，台上台下，相互呼应，呵成一气，让节目最大限度地成为了群众性的娱乐活动。

平民化风格的诉求，也使当前电视戏曲栏目面对观众有了更多的亲和力。在中央电视台专业的戏曲频道中，由于栏目分工细致，没有类似于《相约花戏楼》《梨园春》这样完整意义上的戏曲综艺性节目，但几个定位于戏迷参与为中心的栏目，还是看得出以娱乐为方向的综艺化倾向。只不过，更为细致的分工，使得《过把瘾》《戏迷俱乐部》这样的专注于戏迷活动的节目在策划上更注重寻求节目整合的"点"——即为每期类似的戏迷活动找出有意味的话题和节目框架。相比之下，《过把瘾》以戏迷的自我表现为主，在一定的主题下进行表演。而在整合的"点"上可以看出作为专门的戏迷节目与一般戏曲综艺性不同——后者只是在戏迷擂台中突出竞技意味、寻求达到电视节目高潮——比较注重选题策划，用类似"京剧里的男旦现象""京剧里的女扮男"等热门话题贯穿相应的戏迷的表演，引起观众的兴趣。《戏迷俱乐部》更像是个联欢会，在不同城市或乡村组织戏曲演员和当地戏迷进行联欢，各展才艺。这些不同样式的戏曲娱乐节目是电视戏曲综艺化现象的一个补充。

三、戏曲综艺化的发展与创新

《相约花戏楼》《梨园春》等栏目的兴起，是电视戏曲栏目创新的结果。在为栏目寻求更多观众的不断努力中，这些栏目在创新上可以说是一直在下苦功，不论是形式感还是内容上，都力争既为传统观众接受，又争取年轻观众的投入。

《相约花戏楼》在改版为"戏曲综艺化"节目形态后，努力追求节目整体的生气与活力，在主持人的人选上，一反戏曲栏目惯用成熟稳重、知识面宽泛的主持人的模式，起用青春时尚、充满活力但完全不熟悉戏曲的年轻人来带领观众进入戏曲世界。比较起来，以往电视戏曲节目主持人更像是全知全能的解说员，带领观众进入戏曲宝殿，他们的主持常常是告诉观众什么，教给观众什么，有的则干脆充当一个报幕员的角色；《相约花戏楼》的年轻主持人则有着时尚节目主持人风格的活泼和生气，他们的定位是和普通观众同步的，对戏曲都不太熟悉却有着一份好奇，大家一起步入戏曲百花园，去学会理解艺术。一段时间，该栏目甚至还请来香港主持人柯蓝，用俏皮诙谐、玩闹活泼的方式主持戏曲栏目，这些都是为了吸引青年观众、追求传统与时尚碰撞的一种努力。

在成功基础上还必须得有创新的勇气，这是因为当前电视栏目竞争激烈，而戏曲栏目之间的竞争也不少。在电视戏曲栏目方面，因为《梨园春》等栏目的成功，全国各地有不少电视台都对戏曲栏目进行了综艺化的尝试，形式也大多近似，突出戏迷打擂的版块，或者干脆以戏迷擂台作为节目的全部。现在，红火的戏曲综艺栏目数量相当不少，河北电视台的《戏苑乡音》、山西电视台的《戏曲大舞台》、东方电视台以走入社区为主的戏曲擂台赛及辽宁、湖北、浙江等省的戏曲栏目，都拥有不少的观众群。

戏曲综艺栏目的红火是令人兴奋的，但随之而来的节目形态老化、过于雷同，缺乏进一步包装和创意的问题也逐渐显露出来。几乎一样的戏迷擂台赛，能否始终精彩迭出，和各地方剧种的影响力、戏迷水平相关；另外长时间模式相同的打擂样式，也会引起观众审美上的疲惫感，电视观众总是习惯于选择相对新颖的事物。像《梨园春》这样的以戏迷擂台打响全国的名牌栏目，虽然没进行大刀阔斧的创新与改版，但也努力在节目策划上下力气，给观众带来一些新意。例如在擂台赛上,分为两组,一组仍按旧例随便组合,另一组却按照策划的特定范围进行竞赛,像残疾人专场、儿童专场、男旦专场等等。

电视戏曲综艺性栏目,是众多戏曲栏目中富有活力、贴近观众的新兴栏目,由于戏曲及其戏迷构成的丰富文化内涵、地域特色和群众参与热情,给这类栏目这些年的发展提供了很好的基础和可能。如果电视戏曲人能够抓住戏曲本体和电视特色,积极创新、满足观众所需的话,电视戏曲综艺性栏目的红火将不是短暂的现象,而是不断发展、做好做大的电视节目样式。

第二节 《越女争锋》的娱乐探索与争议

综艺化走向使得电视戏曲在时下中国电视形态竞争激烈状态下呈现出自身优势,拥有固定的收视群体。为了进一步扩大电视戏曲的影响力,电视戏曲工作者试图将综艺化的手段扩大到极致,动用戏曲有效资源,强力打造出极具时尚看点的节目。中央电视台等单位联合制作的《越女争锋》,便是近年轰动一时的电视戏曲节目。《越女争锋》全名是《越女争锋——越剧青年演员电视挑战赛》,分别于2006、2009、2013年举办三季。一个特定剧种年轻演员的表演比赛,在电视比赛中本来颇为常见,比如央视四年一届的《青年京剧演员大奖赛》《京剧票友大奖赛》等,但《越女争锋》由于大胆引进较为时尚的电视综艺手段,将专业演员赛事与观众喜闻乐见的娱乐选秀相结合,呈现出独特的魅力和样式感,成为电视戏曲创新的一个新样本。

《越女争锋》作为一档全国性的电视戏曲节目,在戏曲逐渐处于边缘化的当代,其收视率是令人惊喜的,媒体报道,该节目在上海的收视超过了红极一时的"超女"选秀第二季。"预赛阶段上海、杭州、绍兴三大赛区的实况录像,从7月31日开始在戏剧频道每天下午5点到8点连播。尼尔森公司的数据显示,截至8月26日,"越女"的平均收视率为1.5%,央视索福瑞的数据则达到2.1%,均超过了《超级女声》周末晚间黄金档在上海地区0.9%的平均收视率。其中,尼尔森最高数据达到2.4%,刷新了戏剧频道成立以来的最高收视率。"① 这样的收视率不仅对比一般戏曲节目，即使是花费不菲的综艺节目而言也相当可观。央视戏曲频道一般栏目收视率较高可达到 0.40%—0.50%，平均收视率超过 1% 对于当今的电视戏曲来说殊为难得。当然，上海观众对越剧的传统感情也使得"越女"收视超越"超女"成为可能。

不仅收视率火爆，《越女争锋》在戏曲市场上也获得观众认可，由于赛事先后在上海、杭州等地的剧场举行，公开出售的剧场门票出现"一票难求"的景象，当时媒体报道："即将展开决赛的'越女争锋'票房火爆，为了给观众挪出座位，'越女争锋'主办方决定，撤掉复赛时由第一排观众座位改造的评委席，改请坐惯第二排的评审团移驾前排，从而空出第二排座位。然而这十几个座位比起戏迷的求票热情来仍是杯水车薪，协办方上海天蟾京剧中心演出有限公司经理许需霖表示，'越女争锋'决赛门票提前半月就销售一空了。"② 甚至在《越女争锋》第二季时，杭州赛区举办地红星剧院附近的宾馆都人满为患，媒体报道："今天是第二届'越女争锋'总决赛第一天，这几天来，总决赛地杭州红星剧院旁的中小宾馆和酒店，已被来自全国各地的粉丝，还有参赛选手背后的团队预订一空。"③

在成功的现象前，随之而来是对《越女争锋》这一电视现象的质疑和批评，很少有一档电视戏曲节目能引起如此众多的争议，这也标志着电视戏曲在"综艺化"过程中面临的问题以及需要探索和解决的症结。

一、《越女争锋》的综艺化探索

《越女争锋》节目主办方不讳言形态走向的"综艺化"诉求，例如第二季的官方宣传词："《越女争锋第Ⅱ季》以电视综艺化手段包装传统越剧赛事，用创新的电视理念与手法打造青春越剧与电视娱乐的完美融合；在选拔高素质新人的同时培养高素质的观众群体，力争使之成为兼具专业权威性、艺术

---

① 《电视选秀能否选出越剧名角》，人民网，2006 年 9 月 18 日。
② 《越女争锋戏迷争疯，门票提前抢购一空》，《新闻晚报》，2006 年 9 月 22 日，记者谢正宜。
③ 《"越女争锋"最痴心的陈丽雅从杭师院退学，铁了心学越剧》，《钱江晚报》，2009 年 8 月 7 日，记者李萌、王玲瑛。

欣赏性、时尚娱乐性、热点关注性及大众参与性为一体的创新型越剧电视赛事。"①正是在综艺化的道路探索中,《越女争锋》具备了以往电视戏曲少有的新意,这种新意激活了电视戏曲市场,使得大量的普通观众成为节目收视者,也使得本身处于社会边缘的戏曲赛事成为舆论的文化热点,这点是成功的。

《越女争锋》在电视戏曲的娱乐探索上,做出了不少创新,同时,这种创新是努力与戏曲本体特色相勾连的,其特色可以归纳为四点,分别是:"有所借鉴、突出本体""放大青春、展示魅力""细化环节、挖掘亮点"以及"注重包装、统一样式"。

"有所借鉴、突出本体",是《越女争锋》在节目样式上的基本遵循,尽管《越女争锋》主办方从未主动与红极一时的选秀节目《超级女声》做过比较攀附,但相似的选手限制,接近的淘汰选拔方式,使得媒体和观众从一开始就认定其系"超女"的电视戏曲翻版:"同样都是面向女性选手的选拔比赛,类似的待定PK赛制,还有初赛阶段观众手中对选手命运的决定权,《越女争锋》从一开始就被冠上了'戏曲超女'的名号。"②从电视角度而言,淘汰制的可看性远超传统比赛的分数高低制,这确实是《越女争锋》有所借鉴的所在,不过和"超女"全国海选,不分专业业余的做法不同,越剧专业的特殊性,使得《越女争锋》还是更为看重剧种和演员专业特色。"选拔"和"选秀"相结合,形成了"越女"比赛的特殊性。

越剧在上海、浙江、江苏、福建四个省份有专业院团和院校,先由院团自身进行专业选拔,这就保证了参赛演员的专业素质。在《越女争锋》2006年举办的第一季赛事中,江浙沪闽总计27个院团、艺术学校经过严格筛选,推荐了212名年轻演员、学员进入到在上海、杭州、绍兴进行的电视初赛。由地方电视台播出的初赛录像,一方面有效地预热了赛事,为节目进行了宣传;另一方面,212名选手经过初赛的激烈角逐,共有四十名选手进入复赛,保证了后面赛事的有效进行。应该说,尽管借鉴"超女"的淘汰制,但《越女争锋》前期选拔更类似于传统艺术赛事,只不过直接面对电视观众的循环淘汰,使得节目的竞技性更强,更具备收视悬念。其后的复赛"40进20"、

---

① 《越女争锋 数不尽的红妆风流》,央视网,2009年6月24日。
② 《越女争锋:堪比超女,不做超女》,东方网,2006年10月8日。

决赛"20进10"充分吸收了综艺选秀节目的"悬念性""残酷性",使节目很具可看性。但同时,通过越剧片段、反串表演等环节,节目始终在专业的范围内考验选手水平,娱乐是为专业服务的。

《越女争锋》节目突出的本体有双重含义,其一是"越剧本体",也就是剧种本体;其二是"电视本体"。作为许多年未曾进行的专业越剧赛事,其主要观众必然包含大量的艺术从业者、戏迷,本着挑选尖子、感受发展的目的,对剧种特色魅力展示自然有着相当要求。同时,戏曲比赛的核心也总是演员自身专业的充分展示,有时甚至只求一点、不及其余。但剧种本体有时会与"电视本体"发生冲突矛盾:电视面对的是大量非专业观众,如何吸引更多普通观众关注本档节目,从而提高收视率,过多阐述专业话语、展示专业才能必然流失一批观众。《越女争锋》是立足于电视本体,以"综艺化"理念立身的电视戏曲节目,但在这两种本体的冲突中,还是尽量照顾到剧种的特色需求。一开始,在与参赛院团的协商中,院团提出的一段参赛节目时长在二十分钟之内,主办方则希望时长在五至八分钟,这是普通观众乐于接受的表演长度,但由于选手需要尽量展示较为完整的表演片段,最后时长定在了十二分钟。即使最后播出时,也尽量给予相对完整的幅度。

"放大青春、展示魅力",是两届《越女争锋》活动给予社会各界和电视观众留下的最鲜明印象,也是《越女争锋》策划最成功的亮点。"事实上,自从《越女争锋》一出,越女便成为越剧的生产和运作的一个关键词。"[1]的确,"越女"概念的提出,一方面给节目带来了争议,虽然越剧以女性演员为主,但在上海越剧院、浙江越剧团还有一些男性演员正处于境遇尴尬、后继无人的局面中,从整体发展而言,应对男性演员给予更多关注。但从电视节目来讲,瞻前顾后、全面兼顾,很可能失去了越剧最鲜明的亮点。因此,尽管面临着不小压力,但主办方还是坚持"越女"这个形象不放,对电视而言,突出的亮点和色彩,有助于品牌的树立,从而吸引观众。大多数的青年越剧演员由此在主题突出、色彩鲜明的舞台上亮相,同时,也将越剧的清丽形象、唯美风格发挥得淋漓尽致。

在很多专家与观众看来,被反复渲染和放大的青春意识,是《越女争

---

[1] 陈均:《越女争锋与越剧的未来》,《艺术评论》,2010年第1期。

锋》夺人耳目的亮色。"青春靓丽的演员，青春题材的剧目，清新的风格，青春性是其最富魅力的特质之一。"① "和以往很多电视大奖赛不同，本次《越女争锋》大赛是以女子越剧和青春越剧为特点。"② 《越女争锋》主办方借助女子越剧这个富有江南地域风情、青春朝气的剧种，大打青春牌，就是极大彰显越剧的青春魅力，给广大观众带来朝气蓬勃的视觉印象，而非传统戏曲习惯的老迈形象。在外人看来，戏曲给人感觉是明日黄花，主体观众以中老年为主，而节目中四处洋溢青春气息，清楚地表达了越剧的年轻态势，同时也传达出对年轻观众的号召与吸引。为了将"青春"气息不断放大，主办方在制定参赛选手时也反复斟酌，尽量给年轻的选手创造机会，甚至由此在专业上有所牺牲。2006年《越女争锋》第一季的参赛须知明确规定报名选手条件："女性，年龄在35岁以下（1971年7月1日零时以后出生），"同时"已经获得国家二级以上（含二级）专业技术职称的演员不得参加本次赛事"。③ 把年龄符合条件但职称在副高以上的演员排除在外，其目的是创造赛事的公平环境，一些年龄符合条件但在专业上已经获得普遍认可的青年名演员如果参与，必将使奖项有所倾斜，给其余初出茅庐的年轻演员造成心理压力。由此，《越女争锋》和一般艺术大奖赛不同，完全向"青春"和"新秀"倾斜，结果本次赛事选手绝大多数都在30周岁以下，甚至20岁以下的占了40%左右，成了真正的"青春擂台"。如表：

表3-1：参赛演员年龄划分状况

年龄段	上海赛区	杭州赛区	绍兴赛区	共计
30岁以上 （1976年10月前出生）	2人	7人	5人	14人
30至20岁之间	29人	35人	48人	112人
20岁以下 （1986年10月后出生）	13人	44人	29人	86人
所有年龄段	44人	86人	82人	212人

---

① 李蓉：《在古典与时尚的对接中打造文化品牌——电视戏曲节目"越女争锋"、"寻找七仙女"的探索》，《中国广播电视学刊》，2009年第2期。
② 《越女争锋——电视挑战赛即将开赛》，《东方早报》，2006年7月21日。
③ 《越女争锋》活动实施方案。

"细化环节、挖掘亮点",是落实节目既具备本体魅力,又突出时尚青春气息,争取更多观众的具体措施。在《越女争锋》节目的具体环节和细节上,可以窥见主办方在创新方面的追求。《越女争锋》并没有摒弃传统戏曲赛事以专业考量为主的习惯,每位参赛者都有长达十二分钟的精彩表演,反串表演、才艺表演则是为了增加节目的可看性,使得节目形态、色彩更加多元化。也正是反串和才艺表演,使得参赛选手的青春气息得以精彩爆发,这些从事传统文化的年轻选手,以才艺显示了自己融入时代、沟通时尚的现代色彩,使得整个节目在严肃的专业比赛外,平添了许多观众意想不到的亮点。很多艺术比赛都有综合素质考核环节,一般采取知识问答、评委点评等方式,这些方式在电视显示上并不精彩,《越女争锋》大胆改变这种手段,相反以妆容展示、反串表演、即兴表演等具备可演性、展示性的手段来丰富电视视听,更具新颖意味。

值得一提的是《越女争锋》在比赛规则上对于创新意识的看重。越剧是个相对年轻的剧种,传统积淀并不深厚,很多优秀演员都是在不断创新中打造了自己的艺术价值。对于年轻演员而言,积极创新,也将有助于日后的发展。《越女争锋》在赛制上特意少见地增加了新戏加分环节,对演出近些年新创剧目或者自己新编折子戏的选手给予鼓励和加分,评委也有意识地引导选手提高对创新的重视。由此,一些越剧院团创作的新戏,如《春琴传》《杨乃武与小白菜》《藏书人家》《女吊》等通过这种平台得到传播;更有一些选手,自己动手改编或新创剧目,《曹操与杨修》《徐策跑城》这样的京剧,被年轻的越剧演员移植,《越女争锋》舞台上呈现出传统与新创并呈的可喜局面。又如,第一季决赛的演员即兴演唱环节,颇具创新性。为了在决赛环节既考验出选手的表现和创新能力,又能让观众耳目一新,主办方反复策划挑选了众多方式,最后决定用韵味优雅的古典诗词交付演员现场演唱,在诗词和越剧腔调中寻找和谐。有些参赛选手正是在这一环节大放异彩,最终取得良好成绩,如绍兴选手张琳,抽到李白《将进酒》词作,以古筝伴奏、越歌吟唱,慷慨激昂,技惊四座,最后获得了金奖榜首的好成绩。《越女争锋》和后来同一主办方策划的《寻找七仙女——黄梅戏青年越剧演员电视挑战赛》,都以比赛环节的亮点使观者难忘:"《越女争锋》和《寻找七仙女》的创新性在于,其综合测评环节和整个节目很好地整合为一体,注重挖掘测评试题与戏曲艺术之间的文化关联，提升了节目的内涵。《越女争锋》的即兴古典诗词演唱，《寻找七仙女》的联想限时戏曲小品表演，都独具创意，不仅具有浓郁的文化气息，而且很好地发挥了传统戏曲艺术的特色与魅力，颇为广大观众所称道。"①

在"注重包装、统一样式"上，《越女争锋》做得比较到位，看重总体视觉形象、追求时尚色彩，使得节目呈现出青春洋溢的感觉，与整体气息相吻合。《越女争锋》很注重品牌意识与统一包装，通过logo的设计展现出节目的总体意图：青春、温馨；在节目播出界面上不断强化这种意图，通过电视多媒体予以渲染。传统的电视戏曲节目很少用色彩进行强化包装，《越女争锋》则大胆使用粉红色作为主体色彩，在logo和屏幕背景上反复出现，给人强烈的视觉冲击，透露了节目的创新味道。除了节目本身，对参赛选手的形象着装也做了统一要求。"在选手的包装上，采用统一化着装，比赛选手以统一的颜色和款式亮相，给人群体的视觉冲击力。着装颜色清新自然，没有奇装异服，也没有过于花哨的点缀，期期都不同，但整体风格统一而连贯。"②在保持选手清新秀美的青春感觉同时，突出了戏曲演员所特有的质朴自然，与一般"选秀"节目拉开了距离。

为了使视觉更具冲击力，《越女争锋》在机位设计上也突破传统。电视戏曲现场类节目一般采取三机位，中近景、大全景居多，特写较少，即使特写镜头一般也保留到演员全身四分之一处，但《越女争锋》大量使用特写镜头，镜头甚至给到演员脸部四分之三比例，为戏曲节目所少有。机位除了传统切换轨道外，专门增设了一台甚至两台流动机位，全方位拍摄参赛选手的侧面、后面，经过后期制作，更全面地展示参赛过程，既保留了传统赛事的严肃性，又更多满足了观众了解选手上场前后各种心情和花絮的需要。

二、《越女争锋》引发的热议

如果认真考量一下"越女争锋"引起的强烈争议，会发现这也是电视戏

---

① 李蓉：《在古典与时尚的对接中打造文化品牌——电视戏曲节目"越女争锋"、"寻找七仙女"的探索》，《中国广播电视学刊》，2009年第2期。

② 引用同上。

曲节目在娱乐探索中遭际的实际困惑，如何在引起广泛关注、获得高收视率的同时，能切实促进戏曲本身的良性发展，达到专业和电视收视的双赢。关于《越女争锋》的争议，最集中的地方可概括为三方面。其一，节目形态过于娱乐化，明显借鉴了"超女"选秀方式，这样对剧种本身健康发展是否有益，戏曲名角会否由选秀节目产生？其二，全面性不够，男演员缺失，第二季"龙凤配"参赛选手更是仅限于小生、花旦，使得越剧行当发展更显不平衡。第三，赛制某些细节设置不科学，评选结果不尽合理，引发观众不满。甚至在赛场下戏迷的激烈表达，造成了喧闹的文化事件，又引发了戏迷如何看戏的讨论，这又是电视戏曲娱乐化后主体表达多元化必将承受的结果。

在人民网的文章《电视选秀能否选出越剧名角》里，作者引用老艺术家的话说："一定要多演。等到观众熟悉了、肯为你叫好了，你就成名了。"而电视选秀的方式"在很多参赛选手眼里，这次比赛是个一夜成名的好机会。"[①]显然，按照传统的看法，戏曲演员只有在舞台的反复锤炼中获得观众熟悉，才能成名。而电视选秀只是借助参赛累积的人气，"一夜成名"，与"梅花香自苦寒来"的戏曲成才正统有所抵牾。这还是对演员发展的诤言警语，电视换来的人气的确可能会因自身积累的缺失而付诸东流。有的评论则将《越女争锋》主办目的和带来的后果放到一个"名实之辩"的高度："借娱乐元素外在之名行越剧发展之实是否又是戏曲发展的一种新样板呢？但是另一个问题又出现了，究竟在这场活动中谁是名谁是实呢？它们的结合究竟是娱乐的狂欢还是戏曲的盛宴？"[②]

实际上，这样质疑恰也道出了电视戏曲节目在娱乐化过程中的两难境地，究竟是充分展示戏曲本体的专业完整性，还是更多靠向综艺娱乐的时尚原则，这是一个"度"的掌握问题，而《越女争锋》在此方面恰恰是相当小心的，在尽量地展示专业的完整性。类似的电视戏曲综艺节目《非常有戏》，在娱乐化的探索中手脚要放开许多，"戏曲"虽是节目中嘉宾比赛对象，实际上戏曲内容的展现颇为有限，主体更多内容让给了明星参赛花絮和幕后，其观众定位基本是脱离戏迷的泛观众群体。《越女争锋》则还是给参赛选手

---

① 《电视选秀能否选出越剧名角》，人民网，2006年9月18日。
② 韩云杰:《振兴戏曲，可否借助大众文化的力量》，《中国文化报》，2007年5月8日。

设置了"彩唱""清唱""身段表演"等专业化的环节,并在评委设置上以戏曲专业人士为主,点评则以专业提高的批评建议为主,很少一般选秀节目的娱乐色彩。特别是在赛事环节中,取消了更能引起广泛反响、提高收视率的短信投票,仅仅是在现场设置五十个观众投票席位,尽量把评委的专业评分放在核心位置,保证了赛事的专业性。当然,比起传统戏曲赛事,《越女争锋》的娱乐色彩确实要增加许多,第一次使用的"淘汰制"、复活赛、PK等手段,无疑会让观众和专业人士感觉到"手段"的热闹超过了艺术本身,在喧嚣繁华的图景中,有多少属于越剧自己,"一夜成名"的青年人能否在今后岁月像老艺术家那样踏踏实实承担起剧种发展重任,靠艺术魅力真正成名。于是,"名实之辩"就成了戏曲节目综艺化、娱乐化很重要的一个前提,出发点和目的究竟在何方?

但是,"名实之辩"也是一个伪命题。作为电视来说,主要任务是搭建平台、传播弘扬,不能越俎代庖,取代戏曲艺术本身去凭空发展。在越剧艺术喜迎百年华诞之际,通过《越女争锋》第一季的热播,全面展示了越剧后继有人、青春洋溢的现实情况,使得大批在清贫寂寞中努力不懈、勤奋苦学的青年越剧演员有了"聚光灯"下的美丽亮相,一些优秀青年演员甚至因而脱颖而出,为专家所认可、观众所喜爱,电视完成了自己的任务。尽管在具备一定娱乐元素的氛围中,演员胜负或与其平时真正专业水平有距离,但任何赛事都存在一定偶然性,临场发挥、演员人缘都可能决定一时进退,而真正具备优秀水平的青年演员,即使没能进入决赛,其专业素质也在这样的平台上得以充分发挥。事实上,《越女争锋》的评奖的确使一批具备极好潜质的优秀演员脱颖而出,例如绍兴小百花越剧团的张琳、福建芳华越剧团的陈丽宇,都是在激烈竞争中最后以实力折服观众和专家。所谓"一夜成名",是在这些青年演员平时付出许多努力基础上换来的,只不过电视提供给了她们集中展示的机会,这也恰应是电视媒体所该承担的责任。

现代社会追求"双赢",电视戏曲的"娱乐狂欢"和"戏曲盛宴"的结合,应当成为有助于戏曲流行传播、剧种大为发展的"双赢"契机,《越女争锋》在社会上引起的广泛关注,使一些戏迷圈外的观众都关注越剧、参与其中,这无疑是新的电视戏曲理念的胜利。同时,一些青年演员借此平台亮相或成名,只会激励其在艺术道路上继续前进,而不是相反。"双赢"的另一层含义,《越女争锋》的热闹,证明了越剧的自身生命力,越剧的"戏曲盛宴"是产生"娱乐狂欢"的基石,没有二百多名有相当基础和刻苦付出的年轻演员,也不会产生如此充满收视张力的娱乐盛况。换句话说,这种资源促成了电视娱乐的可能,问题是,有多少资源可以转换为电视的"狂欢"。《越女争锋》第一季有二百多名青年选手一新观众耳目,三年后,第二季采取"龙凤配"的策划手段避开重复,营造新的收视亮点,如果要举办第三季,还能有如此数量的新秀参与吗?事实上,在策划主办了《越女争锋》第一季之后,中央电视台戏曲频道《梨园擂台》栏目又联合安徽电视台举办了"寻找七仙女——黄梅戏青年演员电视挑战赛",但只有六十多名青年演员参与,使得赛事缺少了激烈竞争、优中选优的可看性,也无法将此赛事继续进行。因此,"名实之辩"真正应探索的是,必须要为产生双赢可能的"娱乐狂欢"提供基础,也就是戏曲界青年演员的茁壮成长,只有自身的健康发展,才能带来专业与电视介入的共赢可能。《越女争锋》的实际结果,不在于产生一时的收视热点和大众关注,真正受益的将是包括张琳、陈丽宇在内的这一代越剧青年演员,获得了锻炼和大众亮相的机会,越剧由此也带动了新一批越剧观众,这是潜移默化的影响,才是"实"。

至于某些赛制问题引起的争议和质疑,确实是在电视戏曲娱乐化过程中值得思考,需要谨慎对待的。这是专业需求和电视娱乐需求之间的矛盾之处,必须得用更多智慧和努力进行调节掌握。比如男演员问题,在《越女争锋》第一季上引起广泛争议。正如一位观众在博客中所说的:"既然男女合演在越剧界能与女子越剧并驾齐驱,则说明男女合演自然有他的市场,那么为什么不让年轻的男演员出现在观众的视线中呢?"[①]主办方在节目策划时,难免需要一个策划抓手,一个不漏型的专业赛事显然与综艺化走向不甚吻合,以"越女"为由头,以"青春"加"女性"的品牌色彩更容易引起注意力。越剧是以女性演员为主体的剧种,女子越剧也是深入人心的剧种特色,1949年后,男女合演成为越剧发展的新亮点,尤其是新时期以来以赵志刚为代表的男演员,表现出了成熟的风范。但男女主演在越剧主题中还是小数,一旦将《越女争锋》放宽为男女同台,如何保护数量极其有限的男性选

---

① 《第二届"越女争锋",想说爱你不容易》,钱后吟的博客。

手又将成为主办方挠头问题。一台以综艺娱乐为表现方式的赛事,毕竟不是政府专业机构,很难做到面面俱到,只能抓住主体、突出亮色,因此,尽管存在着不同意见,主办方还是忍痛割爱,将赛事做成了纯粹的女性竞赛,并成功地打出了"越女"的旗帜,形成越剧时尚的logo。

在《越女争锋》第二季的策划上,为了避免重复第一季的比赛形式,使观众感到视觉疲劳,主办方试图抓住更具备鲜明色彩的抓人亮点,以越剧最为常见的才子佳人戏男女主角为切入,以小生花旦配对的组合比赛方式打出"龙凤配"招牌,这种电视戏曲甚少见的形式,一下子成为《越女争锋》第二季夺人耳目的新看点,但在同时,小生花旦行当之外的越剧演员失去了参赛资格,使得《越女争锋》选手范围更加狭窄,引起了更为激烈的争议。有人认为:"争锋的结果是加剧了目前越剧行当发展不健全的缺陷,……最后,越剧是否要变成纯小生花旦艺术?那倒真正是与超女接轨了。"[①] 越剧在现实中的确存在着小生、花旦行当发展较为繁荣,老生、老旦、小丑等后继乏人的状况,不独越剧,不少剧种都存在着行当发展不平衡的问题,这些存在的问题,在《越女争锋》"龙凤配"的赛事中更被人为放大,电视出于普泛型的需要,总是希望摘取表现对象中最为光芒耀眼的部分而不及其余,这种"掐尖"手法又在事实上不利于剧种的整体发展。电视诉求与戏曲发展的诉求在此体现了一种分歧与冲突,如何减少分歧,取得共赢,需要双方的不断磨合和探索。

《越女争锋》在不少方面还存在明显欠缺,例如评委评分标准不够清晰,赛制和赛制改变没有和选手、观众解释清楚以至造成误解,第二季中总评委过大的加分权利引发不满等等。甚至上海越剧观众大闹比赛现场、逼哭评委等成了报纸花边新闻,都说明主办方需要在环节设计上更科学、和观众沟通交流上更主动一些。但是,在一个众声喧嚣的时代,《越女争锋》以其对寂寞戏曲的人性关注,在捉襟见肘的经费状况下,用时尚新颖的包装激发了社会各界对越剧的广泛响应,给青年一代越剧演员提供了良好的展示平台,给电视观众提供了既有文化内涵又轻松可喜的电视节目,这一点无疑将成为电视戏曲新时期探索的一个范例。

一位专栏作家在观看了节目后写道:"我偶然看了一些视频,一下子就

---

① 陈云发:《"越女争锋"后的思考》,东方网,2006年9月28日。

被吸引住了。老实说，我对越剧一窍不通，连当个看热闹的粉丝估计都不够格。但又想到，吸引像我这样的菜鸟，或者正是这个选秀节目的初衷之一，所以也就勇敢地不拿自己当'外人'了。……《越女争锋》能够吸收时代新元素，大胆地采取类似于'超女'的选秀模式，从而为这一传统剧目注入新的活力。这也表明，只要敢于创新、借鉴和运用现代的市场化运作模式，传统戏剧同样能够走出一条新路。我之所以看好这场选秀节目，理由也在于此。"①吸引更多这样的"菜鸟"观众，是许多电视戏曲节目努力的方向，《越女争锋》在一定程度上做到了。

第三节 戏曲类明星跨界真人秀节目模式探索

回顾中国电视发展的历程，观众综艺娱乐性的审美追求与日俱增。尤其是互联网时代的全民娱乐浪潮出现之后，电视要想杀出重围、保住观众，综艺节目率先突破。这股突围势头同样波及了戏曲栏目。近年来，作为综艺突围的真人秀节目方兴未艾，其中明星真人秀又在形式内容等诸多方面有别于平民真人秀。以戏曲为内容载体和叙事切入点、以明星跨界为叙事主体和收视卖点的戏曲类明星跨界真人秀节目在电视戏曲节目中异军突起，呈现出清晰的发展脉络和鲜明的叙事特征。

一、戏曲类明星跨界真人秀节目的发展

本文所论戏曲类明星跨界真人秀节目，是指以歌唱、影视、舞蹈等非戏曲领域明星为参与主体，以戏曲的展示或体验为对象，以真人秀为表现形式的电视戏曲节目。回顾戏曲类明星跨界真人秀节目的探索之路，由上海文广新闻传媒集团旗下的东方卫视和上海新娱乐传媒有限公司在2007年联合推出的《非常有戏》是一个里程碑式的存在。《非常有戏》第一季的"明星

---

① 魏英杰：《"越女争锋"模式："越女"＋"超女"》，《新京报》，2009年8月13日。

唱戏"和第二季的"寻根之旅",分别奠定了戏曲展示类明星跨界真人秀和戏曲体验类明星跨界真人秀的基本样式。之后,天津卫视在2014年推出的《国色天香》是对《非常有戏》"明星唱戏"的戏曲展示类真人秀模式的延续。《非常有戏》第二季"寻根之旅"所创造的戏曲体验类明星跨界真人秀形式,则在中央电视台2015年打造的原创中韩明星体验类真人秀节目《叮咯咙咚呛》中被进一步拓展。之后2016年推出的《叮咯咙咚呛》第二季,在发展"明星唱戏"的展示模式的同时,杂糅了体验类的诸多元素,是目前戏曲类明星跨界真人秀节目样式的全面展现。

(一)"明星唱戏"类的戏曲展示真人秀

在综艺模式上,真人秀是一个重阵。戏曲节目与综艺娱乐节目一起,在经历过"电视造星"的专业秀、"过把瘾"的平民秀之后,明星秀成为了新的突破方向。以明星为卖点的戏曲真人秀始于2007年东方卫视和新娱乐联合推出的《非常有戏》。

《非常有戏》的横空出世得益于恰到好处的天时、地利、人和。在2006年,上海文广新闻传媒集团旗下的东方卫视和上海新娱乐传媒有限公司联合推出了一档大型真人秀节目——《舞林大会》,这档收视直逼春晚的明星竞技节目,打开了一片明星跨界真人秀的新天地。乘着这股势头,东方卫视和新娱乐又紧接着联袂策划了《非常有戏》。节目巧妙整合核心资源,将戏曲放到了一个更大的娱乐平台上审视,借助明星的辐射力增加观演互动,通过"明星'后台'的'前台化'展示"[①]引爆娱乐话题,以时尚托举戏曲的形式,提高戏曲的曝光度,从而实现传统文化的流行符码转译与输出。

《非常有戏》的核心构思是"明星唱戏"——邀请影视歌舞明星来学习、表演戏曲。节目汇集京剧、越剧、粤剧、黄梅戏、沪剧等众多剧种,来自内地(大陆)和港台地区的众多人气歌星、影星,进行七场初赛、四场复赛、两场半决赛、一场决赛的戏曲展示。与传统的戏曲综艺类节目相比,《非常有戏》显然更具有娱乐性和时尚感。戏曲被放到了一个更大的娱乐平台上审视,其综艺模式探索主要集中在了三个方面。

---

① 张红军、王瑞:《跨文化传播视域下电视真人秀节目的创新逻辑——以中央电视台〈叮咯咙咚呛〉为例》,《现代传播》,2015年第7期。

第一是秀出台前幕后。虽然人们常说："台上一分钟，台下十年功"，在这之前，戏曲综艺节目的目光主要聚焦在舞台上，对于舞台表演背后的情况关注甚少。这主要是由于一般节目的表演对象或是专业的戏曲演员，或是出色的戏迷票友，观众关注的期待在于其精彩的戏曲表演。《非常有戏》的情况则不同。虽然参加节目的明星都是在各自领域做出不凡成绩的佼佼者，但他们接触戏曲的时间长短不一，且大多数接触的时间都不长，"急就章"的现学现卖效果自是不尽如人意。如果从欣赏戏曲表演的角度来审视，难免会令人感到失望。但是，明星的一大魅力在于背后都有着庞大的粉丝群，他们的巨大辐射力正是《非常有戏》以时尚元素和娱乐手段托举传统戏曲的保证。粉丝们并不在意明星演唱的水平高低，他们更着力于捕捉明星的一颦一笑、一举一动。因此，《非常有戏》将镜头从舞台延伸到了明星们的准备室。明星们参加表演的心情、状态、感悟都及时地通过镜头披露出来。这些真实、新鲜的反应是粉丝们很少见到的，这便增加了作为非戏迷的他们对节目的忠实程度。同时，明星们从学到演体验了一回戏曲之后，对于戏曲的感受和评价，也会在第一时间影响到他们的粉丝们对戏曲的印象和态度。

《非常有戏》综艺模式探索的第二个方面是增强观演互动。传统的戏曲节目模式是"我播你看"，场内的观演互动还时有见到，但场外的观演互动就比较少了。一个很重要的原因是技术条件的限制。传统的观众反馈方式是打热线电话，这种形式耗费的人力、物力、时间成本都比较高。在《非常有戏》播出前，通过手机短信参与互动的形式已经在一些娱乐节目中得到了很好的应用效果。《非常有戏》及时跟进，通过手机短信设置竞猜题，引发观众的互动，营造出一种"虚拟现场"的参与感。仅决赛一场，《非常有戏》现场收到的短信就达 50 余万条。当然，随着网络和智能手机的普及，越来越多的即时互动方式已经出现，但是不可否认的是，《非常有戏》在当时的戏曲综艺节目中，是走在互动模式探索前列的。

《非常有戏》第三个综艺模式探索是制造娱乐话题。在戏曲作为主要娱乐方式的 20 世纪初，戏曲演员的"花边新闻"是各种大小报热衷的话题。随着戏曲的逐渐边缘化，娱乐话题也渐渐与戏曲绝缘了。《非常有戏》充分利用"明星效应"，搭建主题网页并与主流门户网站合作，制造源源不断的娱乐话题，再一次将戏曲推到了娱乐报道的前沿。这些话题中，既有吸引眼球的靓丽明星风姿，也有细腻动人的明星亲情故事，节目以娱乐托举戏曲的形式，提高了戏曲的曝光度。

尽管已经过去近十年的时间了，现在回过头来评判，依然可以说《非常有戏》的综艺模式探索在当时是超前的。时代意识、本体意识、青年意识是《非常有戏》大获成功的三个重要因素。

时代意识源自对当时电视节目动向的准确把握。戏曲节目素有举办电视大赛的传统，但大多集中在专业演员的技能比拼和戏迷票友的才能展示上。这类节目的收视群体是相对固定的，并且随着各种娱乐形式的迅猛冲击，呈现出严重的缩水趋势。而另一方面，娱乐化浪潮中各类真人秀节目正风生水起，在经历了平民真人秀的波涛汹涌之后，明星真人秀是真人秀节目的自我突破。在《舞林大会》的尝试获得成功后，东方卫视和新娱乐敏锐地捕捉到了一个推广戏曲的新可能——以明星真人秀的形式来承载戏曲的内核。值得一提的是，这类明星真人秀的节目虽然也会设置竞赛的成分来增加节目的悬念和可看性，但是与戏曲演员的专业比拼还有戏迷票友的展示竞技均不同的是，不管是节目设计者还是明星参与者，还是电视机前的普通观众，没有人真正关心最后谁是获胜者。在这里赛制只是一个节目形式的载体，节目的内核是明星聚拢人气的能力，明星来参加节目的重点是"秀"而不是"赛"，这是与传统戏曲竞技类节目最大的区别。

青年意识是《非常有戏》节目组基于对戏曲现状考量后的明确定位。青年观众是戏曲界长期以来一直想努力争取的观众群体，但是在各类乱花迷眼的娱乐形式的冲击下，如何把青年观众的注意力吸引到戏曲上来，却是一个困扰戏曲界很久的难题。加之传统文化语境的缺失，也使得青年观众与戏曲之间存在着审美隔阂。《非常有戏》通过明星效应网罗青年观众，以"传统戏曲打开天窗与大众说亮话"[①]的大众化传达引导青年观众走近戏曲。节目的设置和定位决定了戏迷票友只是"陪看"，目标收视主力是"时尚明星的'粉丝'"。因而，作为展示类的明星跨界真人秀节目，《非常有戏》并不着

---

① 赵忱：《〈非常有戏〉·非常思考·非常结论——来自上海的关于娱乐与文化、媒体与戏曲的最新报告》，《中国文化报》，2007年4月21日。

力于强调明星的唱戏水平,而着力于突出明星对戏曲的参与和体验,从而引导明星的粉丝也产生参与、体验戏曲的兴趣,"让那些被美国大片、'韩流''日流'弄得完全'遗忘'了民族艺术的新生代,亲近一下不应当疏离的戏曲。"①

如果说时代意识和青年意识是《非常有戏》的探索和突破,本体意识则是《非常有戏》有意识的坚守,也是对探索突破所进行的必不可少的平衡。真人秀类的综艺电视节目是个舶来品,台前幕后的全方面视角、赛里赛外的观众参与、各种娱乐话题的刻意制造,都被国内的真人秀节目竞相效仿。在综艺模式的探索上,《非常有戏》如何避免哗众取宠、徒有噱头、落下肤浅娱乐的诟病,就需要自始至终坚守本体意识。虽然借鉴了真人秀节目的流行形式,但是《非常有戏》的内核是原创的。节目本着尊重传统、传承经典的理念,以向大师致敬为主题,以戏剧载体及全国视野为两大主张,其综艺模式是一种严肃的娱乐,唱腔身段恪守戏曲本体的谨慎模仿是"明星唱戏"这种表现形式的灵魂。重磅的人气明星来保证节目热度的同时,《非常有戏》还邀请了足够重磅的嘉宾和评委:艺术大家的助阵为《非常有戏》奠定了足够的艺术底蕴和权威分量;权威戏曲理论家和实力派戏曲名家坐镇评委席,以生动的语言深入浅出地"转译"对年轻人来说已有些深奥的戏曲,以打破其欣赏戏曲的壁垒。

多方的合力使得《非常有戏》一经推出大获成功。从 2007 年 1 月 12 日开播后,四个月的时间里一举超越热门电视剧等强档节目,平均收视率高达 2.5%,收视率最高时更是达到 4.1%。对比上海戏剧频道的年平均收视率 0.5%、黄金收视 1%,可谓是"强势突围"。同时,考虑到上海戏剧频道的戏迷饱和收视率在 2% 左右,也就是说《非常有戏》的很大一部分观众不是传统意义上的戏迷。②

在经历了 2006 年至 2007 年的一波如雨后春笋般的萌芽涌动之后,受政策约束、形式瓶颈以及审美疲劳等多重因素的影响,国内真人秀的发展逐渐进入到了一个漫长的平缓低潮期。因而《非常有戏》之后,这种"明星唱

---

① 龚和德:《从〈非常有戏〉的热播看戏曲的传统与时尚》,《中国艺术报》,2007 年 5 月 22 日。

② 费泳:《戏曲电视研究》,上海古籍出版社,2012 年,第 95 页。

戏"类的戏曲展示真人秀形式也是一度沉寂。2013年开始国内真人秀浪潮强势回归，各式各样的明星真人秀在各大电视台轮番轰炸，在创新内容、明星阵容等方面展开了一场名副其实的资源争夺战。

明星展示类真人秀方面，2013年湖南卫视推出的《我是歌手》节目，以歌唱为展示切入点将已有一定名气的歌手置于激烈竞技场，一时间收视火爆，引起同行诸多模仿。甚至在2013年7月广电总局还发布了《对歌唱类选拔节目实行调控》的公告，对歌唱类选拔节目实施总量控制、分散播出的调控措施。在歌唱类明星真人秀的收视红利和政策约束双重作用下，天津卫视独辟蹊径，利用特有的地域文化资源优势，在2014年打造出《国色天香》这档以"歌改戏"为内容载体的戏曲类明星展示真人秀节目，至今已经制作播出了两季。

"当代人眼里的'戏曲'已经不再仅是戏曲艺术本身，而是作为创作契机的观念与表现形式的媒介。"[①] 因而，《国色天香》并没有采取《非常有戏》严谨的"明星唱戏"式的转译与再现，而是选用更为浅显的大众化传播形式，抽取出唱腔这一戏曲曲艺的突出元素，来进行资源的包装与改造。

《国色天香》第一季邀请了18位音乐界、演艺界的明星，在戏曲曲艺名家的专业辅导下，大胆挑战戏曲与歌曲的跨界结合。节目的核心是将戏曲曲艺的旋律与现代节奏相结合，以京剧、豫剧、越剧、黄梅戏、评剧和二人转这六种戏曲曲艺形式的唱腔为基础，运用古辞赋、古文化、古旋律，融合新唱法、新编曲、新概念的"三古三新"方式，对热门金曲进行改编，赋予歌曲中国文化的内涵和中国风的新旋律。《国色天香》第二季于2015年初推出，延续了第一季"歌改戏"的思路，并将节目定位为全明星挑战戏曲的竞赛真人秀节目。

同样是以明星展示为节目主题，同样有足够重磅的评委和嘉宾，可以说《国色天香》是对《非常有戏》模式的延续。与上海博采并蓄的"海派"戏曲氛围形成映照，天津作为我国的一大戏曲曲艺重镇，南北曲种同样在这里汇合兼容，有着浓郁的文化氛围和扎实的观众基础。同时，"《国色天香》的

---

① 范迪安：《由"粉墨春秋"到"笔墨春秋"——"画妆"中国戏曲主题艺术大展》，《大美术》，2005年第10期。

诞生并非源于巧合，而是在国乐复兴的社会文化背景之下，顺应了社会大众需要欣赏更多传统音乐文化的时代呼声和要求。"①

在综艺化程度上，《国色天香》又较《非常有戏》走得更远。一是从模仿到创造的突破。《非常有戏》"明星唱戏"是以描摹的形式完成时尚对传统的托举，而《国色天香》的"歌改戏"形式，则更偏重原创，其出发点不是时尚对传统的救赎，而是期待在时尚与传统的碰撞中产生新的艺术火花。据悉，"《国色天香》呈现出的每一首歌实际上是一个流水线后的成品，从定歌单、戏曲编曲、流行编曲、名家代唱、唱腔指导、身段指导到最后的舞台包装，共经历了七道重要工序。并最终由戏曲顾问、流行音乐总监和艺术总监三方配合呈现出成品。"② 为了形成更广泛的传播效应，节目方还将《国色天香》中所有的"歌改戏"作品在全国KTV点歌系统上线。

二是赛制的翻新。《国色天香》第一季的赛制内容就很丰富，18位竞技艺人分为主场明星和挑战明星，先后要进行排位赛、保位赛、补位赛、总决赛等多重赛事，紧张激烈、悬念迭起。《国色天香》第二季赛制升级，戏曲导师与明星选手采取"绑定制"，通过末位淘汰和循环补位交替循环的赛制，在12期的竞演中角逐出冠军。同时，第二季的节目还大多有一个特定主题，比如"西游记""白蛇传""童星助演""铠甲扎靠""致敬邓丽君""德云社助演"等，使得竞技主题更为突出，节目也更为紧凑、凝练。

如果说《非常有戏》的"明星唱戏"出发点是对戏曲艺术的回归和托举，那么《国色天香》的"歌改戏"则是对戏曲元素的解构和剥离。《国色天香》的"国色"体现在视觉和听觉两方面，对戏曲的解构也集中在服饰、音乐这些表面元素上。视觉上，浓墨重彩的戏曲扮相、简约写意的灯光布景，共同构筑成一幅幅绚烂的国风画卷；听觉上，熟悉的歌曲通过戏曲别样的唱腔旋律、咬字润腔重新演绎，富有剧种特色的传统乐器配合现代电声音效，营造出一曲曲新国风的声音意境。《国色天香》的受众目标是年轻人，节目希望通过"新鲜而美"③的呈现来达到吸引年轻人亲近传统文化的目的。

---

① 王沥沥：《古典也流行·国粹亦生香——评天津卫视现代戏曲真人秀节目〈国色天香〉》，《音乐大观》，2014年第8期。
② 李品萱：《〈国色天香〉：中国戏曲的"文艺复兴"》，《当代电视》，2014年第5期。
③ 艾莉：《〈国色天香〉在文化传承上做实事》，《光明日报》，2014年4月12日。

"从节目的制作方法和环节设计来看,《国色天香》并未突破常规综艺节目的范式,但难能可贵的是,它为戏曲艺术提供了跨界创作的'试验田'。剧种间不同的艺术风格会产生碰撞,戏曲的融合创新历来是饱受争议的议题,《国色天香》将这些棘手而矛盾的内容放置在一个共时性的空间,搭建起一个开放的、允许大众参与的讨论平台。戏曲名家、偶像明星、普通观众所代表的不同群体对这些问题的认识参差有别,他们共同参与戏曲跨界作品的创作、展示、鉴赏及评点,使戏曲真人秀节目的价值不止于向大众传播戏曲之美,更激发出关于艺术本体的思考。这是以往常态的戏曲节目或其他电视节目类型鲜少有机会去触及的领域,是戏曲真人秀向戏曲文化深入开掘过程中所衍生出的意义。"[1]

(二)"明星寻访"式的戏曲体验真人秀

前文已经提及,《非常有戏》开创了明星戏曲展示类真人秀的新纪元。但由于明星阵容是节目积聚人气的关键,而在第一季"明星唱戏"中已经大量消耗明星资源,再加上当时广电总局"限娱令"的出台,《非常有戏》再沿着原有思路前行的话,前景不容乐观。于是,2008年4月《非常有戏》华丽转身,推出了第二季"寻根之旅"。《非常有戏·寻根之旅》并没有完全打破第一季所引入的真人秀形式,只是由之前"明星唱戏"的展示性真人秀转变为"文化寻根"的体验性真人秀。节目以削弱竞技性、增加游戏性的设置,来完成综艺模式探索路上的自我突破。

《非常有戏·寻根之旅》在连续六期的节目中,邀请了24位在各自艺术领域具有影响力的中青年领军人物,以文化寻访者的身份,去往各个风景秀丽的地区,通过锦囊的提示,寻求预先设定好的"非物质文化遗产",并通过实地的采风,结合各自的艺术门类完成一次跨界的艺术创作。节目中所涉及的各式物质、非物质及自然遗产将近200种,囊括了白居、眉户、素鼓等表演类文化遗产,孟昶祭奠、女吊等民俗类遗产,云锦、闻喜面塑、徽州三雕等手工艺类,康熙临高木偶、金代墓葬砖雕、徽州民居等物质文化遗产……节目将对文化遗产的尊敬及对传承的忧患不着痕迹地糅进轻松娱乐的形式中,把寻访纪录片、现场互动竞猜、"非遗"节目展示等多种形式结合

---

[1] 于军:《论戏曲与电视文化生态的深度融合》,《当代电视》,2015年第10期。

在一起。一方面搭建起传统与时尚的桥梁，通过平等活泼的游戏形式吸引住观众的收视参与；另一方面也通过电视镜头，对渐趋式微的文化遗产样式进行"活体保存、活化保存"，留住中华民族文化共同的根脉和记忆。

放眼国内明星真人秀的大背景，《非常有戏》第二季"寻根之旅"所开创的明星戏曲体验类真人秀模式是具有超前意识的。但是，彼时国内明星体验类真人秀还处于萌芽和探索阶段，以"人"为内容核心与展示对象的类型特点尚未体现。依照英国媒体理论家斯图亚特·霍尔的编码与解码理论，《非常有戏·寻根之旅》在编码环节的主导话语结构是对文化的寻访与展现，各式物质、非物质及自然遗产构成了其有意义的话语内容。明星作为讲述者和串联者而存在，与处在幕后的编码者一起，共同构成电视话语生产环节的操作者。与之相对应的，受众在解码环节的主要关注点在于厚重的文化底蕴和轻松的娱乐形式，因而《非常有戏·寻根之旅》的收视群体较一般戏曲类节目有所拓展。"据 AC 尼尔森的收视人群分析统计，观看该节目 25 岁—34 岁的观众占 40%，男性观众占 56%，大学以上学历的观众占 42%。"① 这与一般以 65 岁以上观众为收视主力的戏曲节目有很大突破。

如果说《国色天香》是对《非常有戏》明星展示类真人秀的进一步发展，那么于 2015 年全新改版的中央电视台戏曲频道《梨园闯关我挂帅》栏目，则是对《非常有戏》"明星唱戏"展示模式的保守延续。《梨园闯关我挂帅》本是中央电视台戏曲频道于 2011 年推出的一档游戏闯关类戏曲综艺节目，"节目宗旨是以轻松愉快的趣味答题、幽默爆笑的创意表演、紧张新颖的闯关游戏以及各路跨界明星的鼎力加盟，融汇多种综艺、益智等另类的方式吸引年轻人全方位多角度接触中国戏曲艺术，并慢慢发现戏曲的魅力，真正在寓教于乐中推广弘扬中国传统戏曲文化。"② 在几年的常规播出中，栏目效果一直平平。于是，2015 年《梨园闯关我挂帅》栏目进行了全面改版，在 2015 年下半年集中录制的两季节目中，共邀请了 100 多位影视、歌唱、曲艺、主持界明星跨界反串演唱戏曲。他们以"挂帅人"的身份，粉墨登场、披挂上阵，先在中国戏曲学院、国家京剧院、北京京剧院

---

① 钟河：《重新种植中华文明的传统记忆》，《文汇报》，2008 年 5 月 2 日。
② 参考《梨园闯关我挂帅》栏目主题网页。

等排练厅,经过戏曲名家和专业戏曲演员的悉心辅导,后来到央视演播室录制彩唱、清唱戏曲经典唱段,节目镜头真实地记录下各路明星学戏的艰辛和汗水、欣喜和激动,最终戏曲界的名家为"挂帅人"颁发"国粹文化传播使者"奖牌。

与《非常有戏》的出发点类似,《梨园闯关我挂帅》通过影视歌不同艺术界别的明星对国粹艺术的传播,旨在让喜爱他们的粉丝群热爱戏曲、传播戏曲,更大范围地扩展戏曲爱好者和铁杆戏迷。但是,较之《非常有戏》,《梨园闯关我挂帅》栏目少了娱乐性和竞技性,邀请的明星风格也都比较正,总体来说是传统节目向新型综艺模式借鉴思路后,又回归到了传统节目的模式上,因而节目的影响和效应都不如《非常有戏》。

前面已经说到,《非常有戏》第二季"寻根之旅"开辟了另一种戏曲综艺模式——明星体验性真人秀。其实从2013年开始,随着《爸爸去哪儿》《奔跑吧,兄弟》等明星体验类真人秀的全面开花,国内明星体验类真人秀以"人"为主体的模式特点逐渐固定下来。这一模式在2015年亮相的《叮咯咙咚呛》第一季节目中被运用得更为淋漓尽致。

《叮咯咙咚呛》第一季是由中央电视台联合北京爱享文化传播有限公司打造、中韩双方电视团队联合制作的一档原创中韩明星跨界体验类真人秀节目。《叮咯咙咚呛》突破了传统戏曲综艺节目教科书式的固有思维,用时尚的真人秀来包装诠释中国的戏曲文化。节目邀请了来自中韩两国的10位人气明星,兵分三组分别到北京、浙江、重庆三地拜师学习京剧、越剧、川剧,明星们在经历各式各样的学艺体验后,汇聚到北京梅兰芳大剧院,与梅葆玖、沈铁梅等戏曲名家同台献艺,给观众呈现一场融入现代风格、时尚元素的戏曲汇报演出。

明星真人秀的跨文化碰撞,是《叮咯咙咚呛》作为央视推出的一档文化节目所承载的文化担当。近年来韩流大热,当下流行国内的真人秀节目,很多都是引进或借鉴韩国的综艺节目模式,例如《爸爸去哪儿》是从韩国MBC台引进,《奔跑吧,兄弟》的灵感则源自于韩国的《Runningman》。中、韩文化有着融合互通的根基,中国娱乐节目取经韩国的一个重要原因便是文化的接近性:"以儒家文化为基础,同属亚洲文化谱系之中的中韩两国文化都是'高语境文化',即文化、情感以及意识形态的传递蕴藏于情境之内,孕育于过程之中。"① 相较而言，《叮咯咙咚呛》不是直接引进韩国节目形式，而是独具匠心将中国传统戏曲文化与时尚韩流交汇融合，以共同的语境基础和情感模式为出发点，通过明星学戏体验的特定情境过程，以年轻、时尚的语汇去解读传统文化的深层底蕴、独特魅力，因而全原创式的节目构思在众多真人秀节目中独树一帜。

资源整合的制作思维是《叮咯咙咚呛》在戏曲节目制作方面的突破性探索。传统的戏曲节目乃至大多数传统的电视节目的制作流程，都是采取单一团队的线性制作模式，往往是隶属于电视台的一个制作团队，全权负责从创意构思、拍摄剪辑到送审播出各个环节。《叮咯咙咚呛》作为一档央视与社会公司合作的试点性节目，整合了台内外乃至国内外的一流资源。节目由北京爱享文化传播有限公司联合韩国超一流的综艺节目制作团队创意策划，曾经制作过《爸爸去哪儿》《花儿与少年》的中国BKW影视制作公司担任后期制作，还有参与过《奔跑吧，兄弟》《中国好声音》等节目的顶级营销团队倾力协作。节目还特别邀请热门歌曲《小苹果》的制作人赵佳霖、电视剧《甄嬛传》的作词崔恕，以及娱乐节目《爸爸去哪儿》的编曲吕绍淳，合力打造了脍炙人口的同名主题歌曲《叮咯咙咚呛》，而基于主题曲所编排的广场舞也被国家体育总局正式纳入国家级全民健身推广示范套舞。

在新的媒体环境下，《叮咯咙咚呛》通过整合多方面的资源，最大限度地实现了新媒体时代的制作、造势和推广，节目的娱乐性、话题性有了充分的保证。《叮咯咙咚呛》第一季共10期，于2015年3月1日在中央电视台综艺频道（CCTV-3）首播，随后在戏曲频道（CCTV-11）以及财经频道（CCTV-2）、中文国际频道（CCTV-4）、农业频道（CCTV-7）、音乐频道（CCTV-15）联合重播的同时，也在互联网上广泛传播。据统计，截至2015年5月，这档央视打破频道界限、跨平台播出的戏曲综艺节目已有6亿中国人触达，另有4亿人次触达新媒体，改变了央视频道以往节目的收视结构②。并且，节目的主要受众是年轻人。例如，在音乐频道三集联播后，受

---

① 张红军、王瑞：《跨文化传播视域下电视真人秀节目的创新逻辑——以中央电视台〈叮咯咙咚呛〉为例》，《现代传播》，2015年第7期。

② 数据来源：国广市场调查（北京）有限公司发布的《〈叮咯咙咚呛〉传播价值判断》。

到 15—24 岁观众的青睐，以超高的集中度超过了音乐频道 35—44 岁的主力观众群，为音乐频道吸引了大量年轻观众。从横向编排来看，《叮咯咙咚呛》在三套的十集播出期间的观众构成：25—44 岁中青年观众增幅 30%，超过平时构成比例 7 个点以上，为频道注入了大量年轻观众。平均每期节目有 4 千万观众收看，忠实度比例达到 15%，比平时常态栏目提高 2 个点。[①]

（三）《叮咯咙咚呛》第二季：体验与展示的糅合

2016 年亮相的《叮咯咙咚呛》第二季，是目前戏曲类明星跨界真人秀的最新成果。自 2015 年 7 月广电总局发出《关于加强真人秀节目管理的通知》后，作为一档担负着价值引导和文化担当的央视节目，《叮咯咙咚呛》第二季巧妙回避了真人秀的提法，而是定位在大型原创文化传承类综艺节目。但是，纵观节目的呈现形式，毫无疑问是一档糅合了户外体验和室内展示的真人秀。

在叙事模式上，第二季回归了从《非常有戏》到《国色天香》延续下来的"明星唱戏"思路，明星展示传统与时尚融合的音乐作品，由观众现场投票选出"最佳融合作品"，晋级者最终争夺传递中华非物质文化遗产形象大使荣誉。同时，第二季也并没有放弃第一季所积攒的户外体验真人秀拍摄经验，而是在第一季"西天取经"式的学戏之旅基础上更进一步，以音乐这一元素为主要切入点，邀请 20 多位明星分别前往陕西、江苏、安徽、湖北、北京五个地区，以朝圣的姿态寻访国家级非物质文化遗产。每位明星都要经历"跨界学艺""融合创作""舞台竞演"三个环节。跨界学艺的过程是户外体验类真人秀的模式，舞台竞演则是室内展示性真人秀的构架，融合创作的过程则为两者搭建起互通的桥梁，使得体验与展示合理地嫁接，糅合成一个有机的整体。

乍一看，《叮咯咙咚呛》第二季几乎就是《非常有戏·寻根之旅》和《国色天香》的结合体。与《非常有戏》的"非遗"视域类似，《叮咯咙咚呛》第二季以"用时尚向经典致敬"的姿态关注"非遗"的文化生态，提取传统文化符号；明星与民间文化传承人联袂创作音乐作品，则又似《国色天香》"歌改戏"形式的变奏和升级。传统与流行的元素碰撞融合已不再新鲜，

---

① 数据来源：中央电视台总编室评估部关于《叮咯咙咚呛》的收视评估。

而《叮咯咙咚呛》第二季的形式价值不在于流行乐手学传统、传统艺人唱流行的蹩脚反串，节目试图突破简单的物理叠加，要在碰撞与融合的化学反应中获得新的文化灵感和突破。

《叮咯咙咚呛》第二季取得了 CSM 全国网平均收视率过 1 的不俗成绩。同时，节目中所暴露的叙事缺陷，也反映了其在戏曲综艺化的突围之路上走得并不平坦，这也是戏曲类明星跨界真人秀节目自诞生以来一直存在的共性问题。

二、戏曲类明星跨界真人秀节目的叙事缺陷

真人秀节目作为电视舶来品，在国内的发展经历了一系列的"本土化"过程。当土生土长的中国戏曲遇到漂洋过海而来的真人秀，跨文化的碰撞既产生了灵感与火花，也在节目叙事的编码解码中遇到了不少难题，同时以明星为主角的限定又为戏曲真人秀的叙事平添了一道枷锁。因此，从《非常有戏》到《国色天香》，再到《叮咯咙咚呛》，戏曲类明星跨界真人秀节目普遍存在着不同程度的叙事缺陷。

1. 尴尬的叙事立场

纵观国内外的明星真人秀节目，"纯粹是为了满足大众收视心理和提高收视率而制作，属于大众文化范畴。它具有强烈的娱乐性、广泛的大众性和浓厚的商业色彩等特征。"[①] 其戏剧情境设置主要基于形式上的反差，通过观众对于明星光环背面的窥视，使得观众与明星之间形成戏剧张力。至于节目内部，不管是《爸爸去哪儿》《真正男子汉》一类的户外体验类明星真人秀，还是《舞林大会》《跨界歌王》等室内展示类明星跨界真人秀，都统一在全民狂欢的娱乐内核之下。戏曲类明星真人秀节目则不然。《非常有戏》"以时尚托举戏曲"的初衷、《国色天香》"普通人也能唱戏曲曲艺"的理念、《叮咯咙咚呛》"时尚致敬经典"以及"文化传承"的定位，无一不是试图通过异质文化的引入与反哺来完成戏曲的现代价值传承。在"传统戏曲＋他者文化"的多元价值碰撞中，就叙事立场而言戏曲类明星跨界真人秀节目比普通明星真人秀多了一股内部的暗流涌动。

---

① 刘建明：《明星真人秀的文化思考》，《中国广播电视学刊》，2007 年第 9 期。

一方面，戏曲类明星跨界真人秀节目略显刻意地表现出推崇戏曲的"仪式感"。这种"仪式感"是与真人秀节目追求自然真实的特质相悖的，也是一般娱乐类明星真人秀所不具备甚至刻意打破的。明星跨界展示类真人秀节目方面，从《非常有戏》"向大师致敬"的开幕大典开始便一直笼罩在致敬经典、传承经典、弘扬经典的氛围之中。非但处于真人秀探索发展期的《非常有戏》，以缜密严谨的赛制和重量级评审的专业评选来彰显节目弘扬戏曲的仪式感，在全民娱乐浪潮刺激荧屏的真人秀节目全盛后，《叮咯咙咚呛》第二季依然不惜削弱节目的娱乐性，通过点评嘉宾的设置，来作为官方话语的代言人，为传统发声。体验类节目方面，这种仪式感始终贯穿在《叮咯咙咚呛》第一季的叙事主线之中。戏曲导师的设定，选取的是三个剧种的领军人物，他们以一种富有仪式感的权威姿态，将明星的表现框定在了一个合乎戏曲尺度的范畴当中。即便是年轻戏曲人加盟的环节，比如在"万里长城戏曲初体验"邀请青年演员来为明星们教授戏曲基本功，也挑选的是裴继戎这样的出身京剧世家的传承者。

另一方面，节目往往对戏曲进行了"去专业化"甚至"反传统化"的隐秘加工，转向对娱乐性和游戏性的深度挖掘。明星跨界的陌生化设置带来天然的戏剧性冲突，从而高效地推动节目的进程。虽然无论是体验类还是展示类明星真人秀，都以戏曲为切入点，着力强调明星对于戏曲的接触、模仿、借鉴、感悟等活动。但是真人秀节目的审美属性决定了无论是作为编码者的节目设计者还是作为解码者的节目接受者，对明星的表演期待是手足无措的笨拙尴尬而非游刃有余的娴熟精湛，这是彼此心照不宣的事实。以彰显传统文化之美为口号，节目的设定在本质上却是属于"审丑"文化与戏谑娱乐的范畴，这与形式上的尊重以及仪式感的营造形成了强烈反差，从而构成了叙事立场的尴尬。

这种叙事立场的尴尬首先是编码、解码之间的立场错位——编码者受主流价值约束而解码者缺失传统文化认同。编码过程中，编码者对于叙事立场的选择不可避免地会受到制度的约束和主流价值观的影响。《非常有戏》从明星竞演转向文化寻根的一个重要原因是"广电总局对黄金段真人秀节目的限令，一些有看点的竞技、排名等环节都不能在节目中呈现"①；《叮咯咙咚呛》第二季放弃了第一季的中韩明星合作模式，也是在一定程度上受到了 2015 年 7 月广电总局发布的《关于加强真人秀节目管理的通知》的影响。真人秀的节目制作需要编码者遵循主流意识形态所倾向的文化秩序，例如"植根中华优秀传统文化""充分利用中华文化元素、中华美学精神"。但是作为解码者的当代受众，却由于缺乏相对应的文化认同而存在着接受障碍。这种文化认同的缺失包括形式与内容两方面。形式上，不仅仅是"从前慢"式的戏曲节奏与现代生活格格不入，更重要的是戏曲基于口耳相传的一过性观演模式发展出的特定表演形式，与自主化、跳跃式、可重复的多媒体传播时代的欣赏习惯产生了很大差异；内容上，戏曲在其黄金时代的价值在于以直观的视听形式，构筑出一个善恶昭彰、曲折团圆的理想化世界。这个理想国单纯而美好，看戏人对此深信不疑。在多元文化冲击混杂的时代，这种朴素而趋同的集体信仰和共享记忆已近轰塌，戏曲所负载的文化逻辑很难契合个体碎片化、差异化的价值体系。

这种叙事立场的尴尬还源于明星定位的微妙。此类节目里明星所承载的叙事符号是双重的：他们既是时尚的代言人，同时又是对戏曲知之甚少的素人。碰撞融合的思维反而加重了叙事符号的割裂——就时尚潮流来说，古老传统的戏曲要弱势于代表流行时尚的明星，而对于文化底蕴而言，戏曲则占据着强势的话语权。因而戏曲类明星真人秀节目往往附加上了超越一般世俗狂欢、娱乐宣泄的救赎意义，需要"仪式感"来进行主题符号的强化，而明星与戏曲这两个叙事符号之间的二元对立又在无形之中消解了这层主旨意图，于是节目呈现出不坚定的叙事立场倾向。

2. 疲软的叙事动力

"电视真人秀，作为动态的具有目的性的线形叙事模型，是对自愿参与者在规定情境中，为了预先给定的目的，按照特定的规则所进行的竞争行为的记录和加工。"② 在真人秀节目中"目的性"即叙事动力有着至关重要的作用，"无论是真人秀节目的参与者或是真人秀节目的观看者，都需要一种动

---

① 吴月辉：《〈非常有戏〉转身：电视娱乐的一次寻根》，《人民日报海外版》，2008 年 4 月 25 日第 13 版。

② 尹鸿、陆虹、冉儒学：《电视真人秀的节目元素分析》，《现代传播》，2005 年第 5 期。

力性目标，驱使节目中的参与者去主动行动，而且这种行动的主动性越强，对目标的渴望越强，故事的吸引力也就越强，观众的观看欲望也会越强。"①

展示类与体验类真人秀的叙事动力不尽相同：展示类真人秀以冠军的诞生为终极目标，通常设置有初赛、复赛、决赛等环节，每个环节都有一定的叙事长度，是整体叙事不可或缺的一部分，环节之间层层递进、环环相扣，有一定的先后顺序，晋级与淘汰是最主要的叙事动力；体验类真人秀以完成预设任务为动力，当然这个预设任务也可能是决出优胜者。在总的目标任务的统领之下，通常由一个个子任务来串联起叙事。每个子任务都是一个"小而美"的完整段落，具有独立的叙事动力，因而子任务设置的自由度相对较高。由此，在考量戏曲类明星跨界真人秀的叙事动力时，展示类与体验类不能一概而论。

不过，由于对抗可以轻而易举地产生戏剧冲突，因此不管是严肃的比拼还是轻松的游戏，戏曲类明星跨界真人秀节目往往将明星之间的竞赛作为主要的叙事动力。不同于本文展示类与体验类的划分方式，有学者将明星参与的戏曲真人秀分为"文艺界名人挑战戏曲表演技巧，并以竞赛演出的形式决出胜负"的明星跨界竞演秀和"力图在戏曲传播的节目框架中践行竞技精神"的明星跨界竞技秀，并将《非常有戏》第一季、《国色天香》纳入前一类，将《叮咯咙咚呛》第一季归为后一类。这种划分方式，恰恰揭示了戏曲类明星真人秀节目的叙事动力核心在于一个"竞"字。不过，与传统戏曲竞技类节目中所展现的戏曲演员的专业比拼或者戏迷票友的展示竞技均不同的是，戏曲类明星跨界真人秀节目虽然也会设置竞赛的成分来增加节目的悬念和可看性，但是不管是节目设计者还是明星参与者，还是电视机前的普通观众，没有人真正关心最后谁是获胜者。尽管赛制的设计可以产生悬念，进而获得一定的叙事动力，但从实践效果来看，无论是《国色天香》花样繁复的赛制模式还是《叮咯咙咚呛》第二季返璞归真的简单赛制，对节目叙事动力的影响都不大。在这里赛制只是一个节目形式的载体，节目的内核是明星聚拢人气的能力，明星来参加节目的重点是"秀"而不是"赛"，这是与传统戏曲竞技类节目最大的区别，由此戏曲类明星跨界真人秀存在着叙事动力疲软的缺陷。

---

① 尹鸿、陆虹、冉儒学：《电视真人秀的节目元素分析》，《现代传播》，2005年第5期。

其实，不唯戏曲类的明星跨界真人秀如此，可以说这是在明星跨界真人秀中普遍存在的问题。《超级女声》一类的平民真人秀节目着眼于素人的突围，万里挑一究竟花落谁家的巨大悬念是其核心的叙事动力，千差万别的选手背景所引发的故事讲述也是强劲有效的叙事动力。《我是歌手》等明星专业真人秀突出高手对决，已经成名的明星放下偶像包袱，进行专业技能的"厮杀"过招，这实打实地考验明星的专业实力、受众影响力，以及个人的综合素质，由此也就确保了多角度的叙事动力。但是，像《舞林大会》《跨界歌王》这样的明星跨界真人秀，由于参与的明星在跨界领域的水平参差不齐，很大程度上缺乏可比性，再加上明星相互之间缺少合适的联结或冲突，导致了悬念和故事两方面的叙事动力双双缺失。在《舞林大会》的启发中诞生的戏曲明星真人秀节目的早期代表《非常有戏》，自然也就带上了叙事动力的先天不足。

体验类的戏曲真人秀不以竞技为第一要务，叙事动力还与体验环节的设置息息相关。早期的真人秀节目注重情境设置，通常只设计在某种情境下的规则而非剧情化的脚本。《非常有戏·寻根之旅》将情境设置为明星按照提示去寻找非物质文化遗产，节目的叙事动力是"把一个相对陌生的并且本身有意味的形式用最简洁的方式呈现在观众的面前"[①]。到了真人秀节目发展更趋成熟的《叮咯咙咚呛》时期，更为复杂而注重连贯性的剧情设置取代相对单一的情境设置，对叙事动力提出了更深层的需求。"《叮咯咙咚呛》是中国较早尝试'剧情化'真人秀的综艺节目，如果概括剧情大纲，可以分为集结、拜师、学艺、考核和最终竞演五个部分，这也是《叮咯咙咚呛》的'内容模式'。每期节目的最后都会停留在一个悬疑点上，这个悬念设置也是为了营造观众追看的动机。"[②]中韩明星的戏曲学习体验构成一条清晰明了的节目主线，但这条主线只是一个引子，支撑节目的叙事动力却是明星的各种游戏表现、与戏曲学习关系不大的生活体验，乃至游离于主线之外的"明星探班"等。问题由此而来：剧情化的节目主线与节目的看点分离，叙事动力由于缺乏内核的支撑而变得疲软无力。此外，《叮咯咙咚呛》第一季终极悬念是京

[①] 吴月辉：《〈非常有戏〉转身：电视娱乐的一次寻根》，《人民日报海外版》，2008年4月25日第13版。

[②] 邹琳、周聪：《〈叮咯咙咚呛〉真人秀和国粹的协奏》，《广电时评》，2016年第7期。

剧、川剧、越剧三组学员中哪一组胜出获得"最佳表演奖"。这个悬念也是经不起推敲的，稍微有一点戏曲常识的受众都会意识到，作为国粹的京剧胜出几乎可以说是一个预设的结局，地方剧种川剧和越剧势必会屈居陪衬。

糅合了体验和展示的《叮咯咙咚呛》第二季更是缺乏叙事动力。节目预设的模式是通过"跨界学艺""融合创作""舞台竞演"三个环节，由观众选出各地的"最佳融合作品"，晋级明星在最终的盛典中争夺传递中华非物质文化遗产形象大使称号。然而最终的呈现效果却是淡化了竞技成分，以时尚融合奖、最佳融合作品奖、文化传播奖、创新唱将奖等诸多名目的奖项设置获得皆大欢喜的结局，最起码的悬念设定也荡然无存。

除了上述直接作用于叙事的表层显性叙事动力诸如争夺冠军、完成任务、获得称号等，戏曲类真人秀节目的叙事动力还有深层隐性叙事动力，即通过完整系统的视听叙事，承载戏曲所具备的社会和文化价值。对深层动力挖掘不足，是造成当前戏曲类真人秀节目叙事动力疲软的另一个方面。《非常有戏》的主题是"向大师致敬"，《国色天香》的主题是"传承中华国粹、弘扬戏曲文化"，《叮咯咙咚呛》第一季的主题是"向经典致敬"，第二季的主题是"传承经典、致敬匠心"，这几个节目的主题都是围绕"经典""致敬""弘扬""传承"等关键词排列组合，同质化严重，缺乏差异性和辨识度。

3. 淹没的叙事主体

"叙事主体既是信息的传播者也是叙事行为的组织者。……它其实是一种'指代'，可能明确显见，亦可能会隐藏于文本之外，'操纵'叙事的进行。"① 无论是节目的意图、价值，还是形式、内容，无一例外都要依赖叙事主体展开，因此明确叙事主体至关重要。叙事学家查特曼在其《故事与话语：小说和电影的叙事结构》一书中给出了经典的"叙事结构示意图"，其中叙事主体可以分裂为真实作者（Real author）、隐含作者（Implied author）和叙述者（Narrator）②。这种叙事主体的拆分理论给我们分析真人秀的叙事主体带来了启发。

---

① 宋家玲：《影视叙事学》，中国传媒大学出版社，2007年第177页。

② Seymour Benjamin Chatman, *Story and Discourse*（Ithaca: Cornell University Press, 1978）, 151.

真人秀节目的真实作者是显而易见的。由策划、编剧、导演、摄像、剪辑等主创者组成的幕后团队，是真人秀节目的真实作者亦即编码者。隐含作者要复杂一些。隐含作者并不等于隐藏在镜头背后的真实作者，而是真实作者在叙事时的"第二自我"（the author's 'second self'），它"通过作品的整体设计，借助一切声音和手段无声地指示我们"①。也就是说，隐含作者可能没有具体的形象，却始终操纵着节目的呈现。镜头的挑选、内容的删减、剪辑的调整，包括叙述者的选择，都在隐含作者的把控之中。我们可以将电视叙事作品的隐含作者看作"是作品所体现的社会道德风尚、审美价值取向和个性心理特征的集合体。……是观众对于电视叙事节目所展示的世界背后的那种组织力量的感知"②。也有学者认为在媒体叙事中，"隐含作者至少应该有两个：一个是由真实作者所创造／塑造的那个'上升的或下降的虚伪'，即那个隐含或投射在文本中'优于'或'低于'真实作者的那个人；另一个则是'指使'真实作者进行报道的社会意识形态和政治文化力量。"③电视节目的叙述者则暴露在镜头面前执行内容叙述和意图传达，这是叙事主体中最直观和显性的部分。

此外，由于电视叙事的复杂性，隐含叙述者和真实叙述者也需要纳入论述范畴。"隐含叙述者，指叙述者所代言的真正叙述者。……在小说中，指人物叙述者的代言对象，一般为作者文本形象，即隐含作者。"④但电视的叙事在叙述层面上要比文学的叙事更为错综，虽然都是"没有具体形象却真实存在"，隐含叙述者与隐含作者却不尽相同。众所周知，一档电视节目的诞生是诸多合力的结果，除了制作层面上的编导剪辑即真实作者之外，还涉及政策层面的引导调控、广告层面的赞助推广等。后者常作为电视节目的隐含叙述者出现，是节目的终端叙述者。下面的示意图可以更为直观地反映电视节目的叙事主体构成：

---

① Seymour Benjamin Chatman, *Story and Discourse*, Ithaca: (Cornell University Press, 1978), 148.
② 黄昌林:《论电视的叙事本质及其交流模式》,《社会科学研究》, 2003 年第 4 期。
③ 乔国强:《"隐含作者"新解》,《江西社会科学》, 2008 年第 6 期。
④ 薛朝凤:《法制新闻话语叙事研究》, 上海外国语大学博士学位论文, 2010。

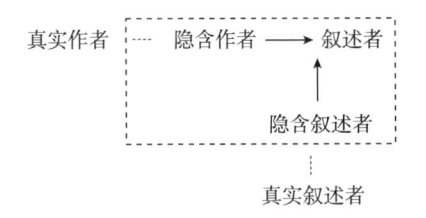

```
           真实作者 ┄┄┄ 隐含作者 ──→ 叙述者
                                      ↑
                              隐含叙述者
                                      ┆
                              真实叙述者
```

上图中，虚线框外的是真实世界的叙事者，真实作者与真实叙述者以隐含的姿态参与到电视文本的叙事中来，他们与活跃在镜头前的叙述者一起，共同构成电视节目的叙事主体，因此叙述者与隐含作者、隐含叙述者之间的关系与配合是讨论的重点。具体到戏曲类明星真人秀节目，叙述者主要由明星、主持人，以及包括评委、观众等在内的节目嘉宾构成。明星是其中的核心叙述者，也是叙事主体中当之无愧的主角；隐含作者承载着戏曲类真人秀节目的"戏曲观""电视观""文化观"，是真实作者创作意图、审美素养及其所处背景语境的反映；隐含叙述者则代言真实叙述者的意图，催生、限定戏曲真人秀节目的国家文化政策和投资、植入节目的广告品牌等，都通过隐含叙述者的概念纳入到戏曲真人秀节目叙事主体的讨论范畴之中。

这里我们迎来了真人秀节目的一个叙事主体间的矛盾：基于对真实叙事和不可预期性的特殊追求，真人秀节目的真实作者必须充分放权，避免过多干涉节目走向。即便是隐含作者，同样不应该完全操纵叙述者。同理，真实叙述者和隐含叙述者也要克制对叙述者的指手画脚。因此，预设剧本的缺失使得节目的叙事主体处于一种半失控的状态，这是小说、电影以及其他类型的电视节目所少见的。要在这种半失控的状态下维系叙事主体间的平衡并不容易。其实从某种程度上来说，明星真人秀节目跟作为"角儿艺术"的传统戏曲有着内蕴上的契合。明星跨界真人秀节目中，明星在拟态环境中的控场能力是其戏剧性的灵魂；戏曲舞台上，作为主要表演者的"角儿"的临场发挥是观众最为期待的观剧部分。然而，从《非常有戏·寻根之旅》到《叮咯咙咚呛》第一季，虽然就叙事符码来看，明星作为真人秀叙事主体的地位愈发凸显，但是从主题符码来看，从平等对话式的文化寻访之旅到西天取经式的戏曲"朝圣"之旅，明星在编码过程中所扮演的角色悄然发生着变化，这正是戏曲真人秀节目中作为叙事主体的明星的叙述能力不足的体现。

同时，"与拼明星的节目不同的是，文化类真人秀邀请的明星是嵌入在文化主题的框架内，在预设好的角色中彰显角色该有的内涵和担负的职责。明星的作用是为文化的传承发声，为知识的传播助力，为观众的情感认同找到依据。"① 由是，戏曲类明星跨界真人秀节目主题先行的叙事意志，对明星的叙述能力提出了更高的要求。明星真人秀的参与者"被要求从他／她原来有名的领域脱离，进入一个新的陌生领域，在新的陌生领域中，他／她相当于也是'匿名者'"②。于是，相对于平民的真人秀来说已是稀缺资源的明星难以胜任复杂的戏曲跨界叙事，这不仅造成了明星在叙事主体上的地位被淹没，而且还使得同类节目的选角高度重合。对比《国色天香》和《叮咯咙咚呛》第二季就可以看到，霍尊、宁静等多位明星重复亮相，无疑彰显出戏曲类明星跨界真人秀叙事主体资源的匮乏。

主持人的叙述坚持则进一步动摇了明星作为叙事主体的核心地位。真人秀节目中主持人的身份很玄妙，传统意义上主持人的作用诸如环节串联、维持秩序、掌控节奏，在追求"本色"的真人秀节目中被逐渐削减。如果明星真人秀节目所选的明星有较强的控场能力，则节目甚至可以弱化或取消主持人这一叙事角色，以使节目呈现更为自由和真实。但是，由于戏曲类真人秀独特的文化需求，加之相关明星资源的匮乏，使得相对于多数跨界明星来说，离戏曲距离更为接近一些的主持人分担了部分叙事功能。相较于传统串联式的主持人，戏曲真人秀节目中主持人的定位更为多元：他既是节目的真实作者之一，也常处于隐含作者的状态，同时又可以成为主要的叙述者。纵观几档戏曲类明星真人秀节目的主持人，《非常有戏》的曹可凡是戏曲票友，《国色天香》的郭德纲是曲艺名家，《叮咯咙咚呛》的董艺则出身梨园世家，他们参与到节目的风格定位和叙事走向，甚至在一些环节中盖过了明星的影响力。尤其是《国色天香》里，曲艺当行的郭德纲对戏曲也非常熟悉，传统名段信手拈来，大有"喧宾夺主"之嫌。加上戏曲真人秀对文化主题意志的强调，隐含作者与隐含叙事者的叙事意图常常不是由作为叙事主体的明星传递出来，而是由主持人所代言，这就进一步淹没了明星的叙事主体地位。

---

① 路明涛：《文化类真人秀的突围之道》，《南方电视学刊》，2015 年第 6 期。
② 尹鸿、陆虹、冉儒学：《电视真人秀的节目元素分析》，《现代传播》，2005 年第 5 期。

除了主持人在戏曲类明星真人秀节目中的尴尬定位之外，嘉宾、观众等叙述者的平淡介入也是戏曲类明星真人秀节目没有摆脱传统叙事桎梏的明证。总之，明星作为明星类真人秀节目叙事主体的地位，在戏曲类跨界真人秀节目中被淹没了。

4. 叙事语法

支离的叙事语法首先表现在对叙事核心对象戏曲的碎片化处理。将戏曲元素进行碎片化处理的优势在于降低解码难度和认知门槛，提升了观众在戏曲知识习得中所获得的心理满足感。但这里面存在的问题在于，由于过多地聚焦于表层娱乐叙事，戏曲展现浮于表面，从而在戏曲本体的突显上"失焦"。

俗话说："隔行如隔山。"尽管参加节目的明星们在各自的领域都是翘楚，但是真的要化上戏妆、穿上行头，仅仅通过数天甚至只有数小时的速成是很难玩转的。于是，在《非常有戏》的舞台上，我们所看到的表演往往并不十分赏心悦目，甚至是洋相百出的。那么，作为戏迷的观众往往不屑一顾，而被明星吸引来的非戏迷，就真的能够感到戏曲的魅力吗？只怕未必！

《国色天香》则是通过异形化对戏曲进行解构，这从主题歌中所展现的国风、李玉刚等元素符号便可以看出。解构的重点围绕着视听两个方面："国色"之华彩是戏曲的视觉解构；"歌改戏"的音乐呈现是听觉解构。可以说，《国色天香》的出发点是好的，其试图通过视听的游说来传递"普通人也能唱戏曲曲艺"的概念。然而从最终的效果上来看，却是并不尽如人意。表面的花团锦簇下，是造作的嗓音、扭捏的身姿、繁琐的服饰，是贵妃、虞姬、关公等戏曲扮相与所唱歌曲风马牛不相及的乱搭……参与者们笨拙地捕捉着戏曲元素的"形"，却始终没有抓到戏曲的"魂"。于是，对此表示担忧的声音便出现了："在唯收视率的众声喧哗中，让传统变成了混搭大餐中的不再是一道菜，而仅仅是一味佐料，一个噱头，以至于让观众误以为传统戏曲就这么点玩意儿，最终落入对传统戏曲文化浅表化、娱乐化、泡沫化和噱头化认知的窠臼。"[①]

---

① 龙瑜：《歌还是那个歌，调究竟是哪个调？——从天津卫视原创节目〈国色天香〉"歌改戏"受热捧说起》，《中国艺术报》，2014年2月28日。

其实，在歌曲中融入戏曲元素已经有不少珠玉在前，例如借鉴京剧旋律的《北京一夜》、糅进京剧念白的《青衣》、改编自歌仔戏旋律和故事的《身骑白马》等。而在《国色天香》节目里涌现出的众多作品中，京剧版《千里之外》、二人转版《城里的月光》等歌曲，确实有可圈可点、令人眼前一亮的地方。但是，这样的作品太少了，就节目整体水平而言，大多数改编的歌曲却是不成功，甚至可以说是失败的。

如果说《国色天香》是对戏曲中音乐这一元素的单一强化和曲解，那么在《叮咯咙咚呛》第一季，戏曲元素则被全方位地拆解，以碎珠散玉零落在娱乐化的叙事中。节目为了将戏曲的艺术内涵转换成更为直接的电视表现形式，"通过对京剧、越剧、川剧的深入了解，诸多的程式动作、服饰妆扮、人物角色、唱腔念白等戏曲元素，经过了分解与重构，以带有戏曲特征的各种电视综艺节目和真人秀节目的表现方式被呈现，例如障碍设置、游戏设计、户外辗转、竞技任务等等。"[①] 这其中有很出彩的地方，比如运用戏曲动作穿越藤蔓、躲避铃铛，以此考验明星们的身体柔韧性的游戏。但是纵观整个节目的叙事语法，这种解构戏曲元素的创意是以破坏戏曲作为综合艺术的整体性为代价的。

在《叮咯咙咚呛》中，支离的叙事语法还表现在叙事元素过多以至于戏曲的主题内涵没有被充分地挖掘出来。《叮咯咙咚呛》的资源无疑是丰富的。但正是由于多方面优秀资源的整合带来的是多角度的思维碰撞，每条思维线上都有很多点子可用，于是《叮咯咙咚呛》还存在着"贪多嚼不烂"的问题。"明星""体验""戏曲"是《叮咯咙咚呛》的几个关键词。戏曲只是作为主线而非作为看点而存在。在戏曲之外，节目还杂糅进了太多的元素，文化、游戏、表演、美食、故事、悬念、情感、细节……戏曲被湮没其中，"没有形成一种基于戏剧内蕴的整体感"[②]，因而整个节目给人以繁杂、拖沓之感。

这种情况在《叮咯咙咚呛》第二季中并未获得明显改善。在原创文化传

[①] 邹琳、宫云蕾:《国内原创电视节目制作的挑战与机遇——以〈叮咯咙咚呛〉为例》，《现代传播》，2015年第7期。

[②] 何晓燕:《真人秀如何更好地向传统国粹致敬——对〈叮咯咙咚呛〉深入创新的思考》，《现代传播》，2015年第7期。

承类综艺的复杂定位下，节目杂糅了太多的文化元素。有的通过户外体验来展示，比如进入到江苏洋河酒厂来展示中国悠久的酒文化；也有的通过室内互动来展示，比如将充满老北京风情的糖人儿、炸酱面搬上舞台。《叮咯咙咚呛》第二季每期的时长是1个小时，要展示5组明星+传承人，也就是说每组给到的时间只有12分钟，在有限的叙事空间里，想囊括的内容过多，编码的控制力分散在了过多的延伸内容中，核心看点的叙事势必会被冲淡。

5. 模糊的叙事指向

这里所说的叙事指向，集中在节目的解码者即受众方面。当戏曲类明星真人秀的解码者，由戏迷票友一类传统戏曲节目的受众变成明星真人秀节目的受众——特定明星的粉丝，无论观剧的动机、观剧的心境以及观剧的重点均产生了重大的变化。"技术的延伸与文化的重置（resettlement）永远不可能承载流传于历史记载之外的古老直觉与需求，结果只残留了一些我们已经不再完整拥有的东西"。因此，诉诸现代传播技术的电视戏曲节目在被娱乐元素解构之后，传统戏剧的"格式"逐渐淡化，字正腔圆不再被强调，程式也被"肢解"，原本的舞台主角配角化，明星登台，游戏入场，"观赏戏曲"成为"围观游戏"。被"简化"的戏曲表演愈发接近当下年轻人的文化接受心态[①]。然而即便如此，节目仍然存在影响难以持续的问题。这是由明星效应的特质所决定的。众所周知，明星对于粉丝的吸引力是狂热而非理性的。正如当红明星可以轻易地让其粉丝关注以往从未关注过的戏曲，粉丝的目光是紧盯着明星的去留的。也许因为某个明星的参与，其粉丝们会对戏曲产生一时的热度，但是随着明星的活动转向别处，粉丝的注意力也会随之转移。因而，这种通过明星效应来吸引观众的娱乐形式，真的能够承担对传统戏曲的托举吗？只怕很难！

当然，有的节目比如《叮咯咙咚呛》也意识到了这一点，于是试图扩大叙事指向。"眉毛胡子一把抓"的野心反而使得观众定位更加模糊。就像美食店的"试吃"一样，《叮咯咙咚呛》希望通过明星的戏曲"试体验"来创造一种可能——"爷爷带孙子"一同观看的可能，从而实现年轻化与中老年

---

① 沈毅玲：《我国电视戏曲真人秀节目发展的观察与思考》，《闽南师范大学学报（哲学社会科学版）》，2016年第3期。

群体超强的全龄段人群覆盖。那么，热门的中韩明星能否成为"高收视"的保证呢？《叮咯咙咚呛》第一季在央视跨频道播出，先后在六个频道亮相。在全方位的宣传造势和跨频道的联动播出下，《叮咯咙咚呛》的平均收视率略好于央视的其他戏曲节目，但放到综艺节目的视野内则表现平平。从首播选在综艺频道而非戏曲频道便可以看出，央视对《叮咯咙咚呛》的定位是偏重于综艺而非戏曲，或者说是希望借助综艺频道更为庞大的收视群来拉动这一档以戏曲为切入点的综艺节目的收视。那么，综艺频道收视群体的主要构成是哪类人呢？看看黄金档的主要节目就知道了。《开门大吉》《非常6+1》《回声嘹亮》《幸福账单》《我爱满堂彩》《黄金100秒》《星光大道》……这些以家庭梦想、集体共鸣为内核的节目，其主要受众是45岁以上中老年人，黄金时段中老年观众的集中度高达200%[①]。尽管数据显示，《叮咯咙咚呛》在综艺频道21点档首播后，观众构成较以往有年轻化的倾向，25—44岁中青年观众增幅30%[②]，但是综艺频道的受众构成实际上与《叮咯咙咚呛》的目标受众有较大出入。在戏曲频道播出时同样收视惨淡，戏曲频道的主要受众是戏迷，这也侧面说明《叮咯咙咚呛》就戏曲方面的表现力不是节目的出彩点。倒是在音乐频道重播时，获得了15—24岁年龄段观众的青睐，单期集中度一度超过140%，亲近娱乐、熟悉韩流的时尚青少年，才是《叮咯咙咚呛》的目标受众。可是，他们收看节目，关注点依然停留在明星，而非戏曲上。

三、戏曲类明星跨界真人秀节目的叙事提升策略

1. 叙事立场：增强文化认同，消解二元对立

由于"文化具有适应性……每个文化都是人类为生存而设计的计划，这个生存计划使人类以群体的形式在特定的环境中得以生息繁衍、绵延不断"[③]，在多元文化的视阈下，若想以充满敬意和温情的立场来叙述戏曲，需要建立在传统文化认同的基础上。

戏曲类明星跨界真人秀节目可以从情感、自然、秩序三方面入手增强文

---

① 潘冬辉：《从〈叮咯咙咚呛〉透视央视节目创新的新角度》，《当代电视》，2015年第6期。
② 根据央视总编室评估部的评估数据。
③ （美）S. 南达：《文化人类学》，陕西人民教育出版社，1987年，第54页。

化认同，以弥补编码者的主流立场与解码者的民间话语之间的立场鸿沟，从而使戏曲类真人秀节目中的"仪式感"得到妥善安放。具体而言，情感认同可以削减仪式感。戏曲有足够的体量来承载受众的情感诉求，无论是亲情、友情、爱情的温馨甜蜜，还是家国情、民族情的壮怀激烈，都可以在传统戏曲中找到相应的落脚点。所谓"情动于中而形于外"，戏曲类真人秀节目通过挖掘足以引发受众共鸣的细腻情感，可以有效拉近因仪式感所造成的心理距离；自然认同能够化解仪式感。钢筋水泥环绕中的现代人，时常怀有对天人合一的崇尚、对自然造化的向往，逃离雕琢、回归自然正契合现代人的心理诉求。户外展现是真人秀的强项，但对自然的呈现还停留在风光景色的表层展示。戏曲类真人秀节目不妨通过寻求戏曲与自然的天然连接，深入挖掘村社庙台戏场中的戏曲印记，以返璞归真的叙事唤起受众的心灵回归；秩序认同则可以升华仪式感。虽然在文化史上曾被视作不登大雅之堂的小道末流，但根植于传统文化萌发而生的戏曲素怀尊师重道、注重传承的品格，与正统的儒家文化有着同样的秩序认同。戏曲类真人秀节目不妨在叙事时对师道传承绘以浓墨，借助编解码者的秩序认同赋予仪式感本源根基。

如果说，从情感、自然、秩序三方面入手可以增强文化认同的"内循环"，那么从异质文化的对照中激发则是打造文化认同的"外循环"。"我们如果仔细梳理传统复兴的逻辑，就会发现一个很有趣的现象，那就是，传统的复兴，必须得要有相应的外来对应物的激发，它甚至只是一个简单的符号置换。只要我们找到相应的传统符号，那么，它就可以作为替代物，来作为本民族本国家认同的号召。"① 当下的真人秀节目不乏走出国门和引入外来符号的案例，包括《叮咯咙咚呛》第一季的中韩合作，也是试图通过文化对照来激发文化认同的尝试。但这一思路的挖掘空间还很大。传统戏曲是中华民族的文化符号代表，世界上很多国家和民族也都有自己的戏剧形式。无论是展示类还是体验类的戏曲真人秀节目，都可以通过"走出去"和"请进来"的方式，寻求与戏曲相对应的异质文化，以他国的文化角色分配为参照，在符号的对照与置换中，完成本民族的文化认同。

上述几种文化认同方式共同作用、互为补充，可以有效缓解因与真人秀

---

① 刘国强：《传统文化建构国家认同的多重面相分析》，《学术界》，2009年第1期。

娱乐氛围格格不入的仪式感所带来的叙事立场的尴尬，同时也可以避免戏曲类真人秀节目落入"审丑"的陷阱之中。我们不可能要求对于戏曲审美前知识储备不足的观众主动补充戏曲知识以满足戏曲审美的高门槛，但完全可以通过传递明星的文化认同来引导受众的传统文化审美活动。

此外，戏曲类明星跨界真人秀节目还需要在叙事立场上消解时尚与传统、明星与戏曲之间的二元对立。寻求共同的记忆符号、突出文化的传承与创新是行之有效的方式。《叮咯咙咚呛》第二季就利用这一点，巧妙地设计了一个很棒的细节：李谷一与《难忘今宵》、赵忠祥与《动物世界》，早已作为难以分割的意味符号，留存在几代中国人的印象之中。因此，当代表传统文化的嘉宾李谷一与代表时尚潮流的明星霍尊即兴合作《难忘今宵》，以及当新一代的非物质文化遗产江南丝竹的传承人敲出《动物世界》的主旋律时，观众的记忆一下子就被唤醒了，共鸣消解了对立，从而统一了叙事立场。

2. 叙事动力：多元表层动力，细化深层题旨

叙事动力不足的问题不仅仅是戏曲类真人秀所独有的，放眼国内热播的真人秀节目，相当一部分"缺乏完整的故事内核，没有真的故事"，其本质是"古典游戏节目的真人秀化"。[①] 尤其是明星跨界真人秀节目，时常落入"游戏+明星"的简单叠加套路中。不过，虽然作为戏曲栏目新型综艺模式探索的前沿成果，戏曲类明星真人秀节目"借助了传统戏曲表演的形，灌注了现代综艺节目的神，兴观群怨已然不是戏曲节目的追求"[②]，但是有别于当下大多真人秀娱乐节目"有意思，没意义"的诟病，戏曲真人秀的叙事动力不需要苦苦地向外部追寻，其自身的内部机制和底蕴已经为叙事积攒了足够的内驱推力，足以推动叙事进程。

首先，可以通过镶嵌多元的叙事序列来丰富表层显性叙事动力。如前所述，戏曲类明星跨界真人秀在终极悬念的叙事上存在着先天不足，况且单一的表层叙事驱动也易造成审美疲劳。在戏曲类明星真人秀节目中明星是构建叙事的叙述主体，并且通常节目会有多个叙述主体，每个叙述主体都可以分

[①] 毕啸南：《讲好真人秀的"中国故事"》，《新闻战线》，2015年第23期。
[②] 沈毅玲：《我国电视戏曲真人秀节目发展的观察与思考》，《闽南师范大学学报（哲学社会科学版）》，2016年第3期。

别展开叙事序列。因此在争夺冠军、获得称号等统一的叙事动力之外，节目还可以针对叙述主体，挖掘出个性化的多元叙事动力。明星作为"他者"介入到戏曲节目中，必然会引发一系列的冲突，对于戏曲的认知及反馈也应该是千差万别的。而现有的节目基本停留在明星表示戏曲难学这一表象上，缺乏深入而多元的挖掘。不妨将叙述主体对戏曲的认知发展作为"嵌套"结构的支撑材料，突出明星参与戏曲真人秀的个体目的，诸如汲取营养用于自身专业领域、挑战自己尝试新的艺术形式、圆亲人的戏曲梦等等。虽然这些都还是表层的叙事动力，但多元化的叙事序列方能够承载多重的节目看点，以弥补戏曲类明星跨界真人秀在叙事动力上的先天不足。

增强戏曲类明星跨界真人秀的叙事动力，还可以在深层隐性叙事动力上做文章，即通过明确、精准、细化的核心价值定位来突出深层题旨。诚然，戏曲类明星跨界真人秀节目的出发点是"他山之石，可以攻玉"，节目的编码者无一例外是希望借助当红的真人秀形式和偶像明星的人气，来达到传承经典、弘扬戏曲的目的。同质化严重的题旨模糊了节目的辨识度，也削弱了戏曲真人秀节目的深层叙事动力。深层题旨的细化可以在一定程度上避免这一问题。例如《国色天香》以"歌改戏"的形式来传递普通人也能唱戏曲曲艺的理念，不妨将深层题旨就定位在"一起唱"上。这样不仅可以展现"歌改戏"的创作、竞演过程，还可以增加作品的传播过程展现，从而有效地增强节目的叙事动力。再比如，《叮咯咙咚呛》第二季既然喊出了"经典多时尚"的口号，完全可以将"时尚"作为深层题旨，有针对性地突出戏曲的时尚元素便可作为节目的叙事动力。此外，戏曲类真人秀节目还可以通过文化内涵搭建叙事，将民族文化的植入与输出作为延展的叙事动力。这在《叮咯咙咚呛》第一季的中韩明星跨界体验真人秀中有所涉及，但运用得还不够充分。总而言之，经过细化的题旨要尽量做到简洁明确，方能够最大限度地激发叙事动力。

3. 叙事主体：优化选角配置，突出效应叠加

成熟的明星真人秀节目，明星应当作为不二叙事主体，传统节目中的主持人角色也应该最大限度地让位于明星的叙事，方能实现节目整体的圆融，避免叙事主体的被淹没和割裂。虽然戏曲节目的特殊文化壁垒突显了作为介入者的明星的资源匮乏、叙事能力不足等问题，但是较之素人而言明星的控

场能力和可塑性都要更为突出。因此，通过适当的方式，是可以避免叙事主体被淹没的。

一方面，如果单个明星的叙事能力不足以胜任复杂的叙事，则可以通过合理的选角调配来获得叙事主体的合力。在明星资源稀缺的现状下，更需要通过明星组团的形式来寻求其影响力的叠加，实现辐射效应和传播价值的最大化。真人秀的选角，往往需要"考虑性别、年龄、种族的平衡和生、旦、净、丑的角色配套"①。现有的戏曲类明星真人秀节目，已经有明星捆绑搭配的意识，如下图：

表 3-2

节目	类别	明星组合形式
非常有戏	展示	单人展示
非常有戏·寻根之旅	体验	2人一组，戏曲演员+跨界明星
国色天香	展示	单人展示+嘉宾助唱
叮咯咙咚呛第一季	体验	中韩明星混合分为三组
叮咯咙咚呛第二季	综合	2人一组，明星+传承人

在明星的组合搭配中，每位明星都被贴上一些特定的标签，比如主导者或者跟随者，比如气氛制造者或者关系协调者，等等。编码者通过突出的标签来实现选角搭配。但是这种基本的搭配还远远不够。我们都认可，"虽然人物行动（情节）是首要的事情，但这还不至于让我们忘记：我们最终关注的是剧中所表现的人的本质和人的存在"②。在真人秀这样的新型电视节目形式中，也需要完成从"形式本位"向"人本位"的回归。明星参与节目的目的，是将之作为其形象符号构建的一环，其作为公众人物，身上往往已经烙上了特定的形象符号。明星真人秀的看点之一恰恰却在于对明星形象反差的期待。由于编码者通常不会预设角色目标，明星以"自己"的角色身份参与到无主角叙事的关系网中，于是节目内容的诉求与明星符号的构建，便需要

---

① 苗棣、王更新：《纪实话语与戏剧结构——电视真人秀的叙事特点》，《现代传播》，2014年第11期。

② （德）叔本华著、韦启昌译：《叔本华美学随笔》，上海人民出版社，2009年，第57页。

在实践中寻求平衡了。

另一方面，在拟态情境中，叙事主体的功能可以灵活多变、自由切换。要想避免因主持人的"喧宾夺主"而导致明星作为叙事主体的被淹没，我们不妨打通思路，将明星与主持人的身份标签撕碎，充分发挥真人秀节目"泛主持""拟主持"的特点。主持人可以偏离传统的媒介角色，突出"本我"化和个体魅力，明星也可以突破单一定位实现"媒介"化。也就是说，明星可以主持人化，同时主持人也可以明星化。明星担纲真人秀节目的主持人功能，考验的是明星的全局把控力；主持人明星化，则强调主持人抛开传统身份束缚，将主持功能隐退、放权，取而代之地以个体真人秀的全新姿态亮相。当然，其中有一个度的微妙平衡。需要注意的是，《国家新闻出版广电总局关于进一步加强广播电视主持人和嘉宾使用管理的通知》（新广电发〔2015〕129号）要求自2015年7月起"广播电视节目要明确主持人和嘉宾的分工，主持人应承担节目的串联、引导、把控等功能，不得设置'嘉宾主持'，嘉宾不能行使主持人职能"。这是出于节目规范和专业性的考虑。

让明星全方位地担纲起戏曲真人秀节目的叙事主体，还可能面临两个问题。一是戏曲方面专业性的欠缺，这点可以通过搭配戏曲演员的形式解决；二是主持人在串联节目、维持秩序等基本功能的同时，常常需要扮演代言人的角色，代言隐含作者和隐含叙述者。如果将这一任务转嫁到明星身上，同样可以通过深入理解隐含作者及隐含叙述者的意图，进而胜任相关需求。

在《叮咯咙咚呛》第二季中，有一个不错的片段可以作为例证。《叮咯咙咚呛》第二季采取的是明星＋非遗传承人的搭配方式，有一组是影视演员于荣光与京剧梅派传承人胡文阁的组合，他们所进行的跨界创作是歌曲《白月光》融合京剧《贵妃醉酒》选段。由于节目是由江苏的洋河酒厂冠名的，它也就成了节目的一个隐含叙述者。适时出现赞助商广告是节目刚需，通过主持人董艺的口播进行硬广虽然也可以，但是在真人秀节目中就略微显得有些刻意和生硬。这里的《贵妃醉酒》无疑是一个更好的契机。于是，在"于荣光＋胡文阁"的明星嘉宾组合里，京剧梅派传承人胡文阁这样来代言隐含叙述者：

酒文化，它已经在中国有几千年了，它可能是我们中国最有代表性的、跟我们生活中息息相关的。我想在这样的一个历史悠久的酒厂来体会这种纯正的这样的中国酒的滋味，只有这种真正的体会、体会它酒的这种浓郁以及酒文化的这种厚重，方知我们很多前辈，他们创出来了很多跟酒有关的艺术作品。包括我的师爷梅兰芳大师，他的代表作《贵妃醉酒》也是跟酒分不开的。

作为明星参与戏曲融合创作的于荣光，则主要侧重在戏曲的体悟和灵感上，他所阐述的融合思路很精彩：

原来我想的是我开始扮唐明皇，其实错了，是他的那个幻觉当中，贵妃醉了以后感觉"皇上来了"那个感觉，到最后突然间真人出现了，我演的那是高力士，他马上就弯着腰扶着主子要往回走那感觉……

在这个叙事片段中，叙事主体集中在明星身上，戏曲专业性、创意性包括代言隐含叙述者的功能都有，内容呈现自然流畅，是值得戏曲类明星真人秀节目借鉴发扬的一个有效形式。

4. 叙事语法：整合核心看点，挖掘本体内涵

"真人秀纪实话语的最大特点，就是将纪录与现场这两种表现方式密切地结合了起来。"有序的真人秀叙事语法可以概括为"用纪录话语表现现场，用现场技巧进行纪录"[①]。在造成叙事语法支离的两个原因中，对于过多元素的取舍可以通过整合核心看点、围绕结构主线的方式，相对来说比较好解决。何谓明星类戏曲真人秀的核心看点？无疑是戏曲与明星。节目以真人秀的形式建立起叙事勾连，将两个独立的看点纳入到同一视框之中，戏剧悬念的设置、冲突对抗的安排，都旨在增加形式上的可看性，以使戏曲"前知识"储备不足的观众也能获得全情沉浸式的娱乐体验和审美快感。这里较好的处理方式是在合适的结构主线下，将元素的展示与剧情的推动相结合，即将文化的推广植入到环节设计当中。对于一些偏离结构主线，但又想予以呈

---

① 苗棣、王更新：《纪实话语与戏剧结构——电视真人秀的叙事特点》，《现代传播》，2014年第11期。

现的边缘元素，可以采取以镜头语言无声地带出的方式。

对于戏曲碎片化的问题，则需要通过挖掘本体内涵、完善剧情设置的方式。在所有的创作中，"意识总是会去找到那些明显的、陈腔滥调的东西，因为这些东西都在过去成功过，所以有相当的安全性。"[1] 与传统的电视节目相比，真人秀的叙事语法更加丰富和自由。真实记录、现场追述、时空转换等等手段的应用，使真人秀节目有了更多的叙事选择。成功的真人秀节目无一不是发挥可利用的电视手段，重新解构出一个全新的、独立的、自成体系的节目形态。比如现场追述，有点类似于传统戏曲的"打背躬"，现场追述的相互参照，可以形成精彩的戏剧碰撞，甚至能够增强戏剧张力、加大情感冲突。而运用这种种手法的前提，是对本体内涵的挖掘。周志强在《唯美主义的耳朵——"中国好声音"、"我是歌手"与声音的政治》中这样说道：

> 声音从来没有像今天这样情感饱满，但又是空前地内涵缺失；到处都是歌声，我们感受到的却是本雅明所谓的那种经验的贫乏。……在这里，声音被作为一种独立的形式来谈论，被抽空了意义，变成了音乐的商品拜物教的存在方式。……娱乐节目的意识形态不在于其如何鼓吹一种观念，而在于让人们遗忘观察自身生活处境的哪些观念；不在于如何激活人们的体验，而在于如何生产一种"伪经验"来替代我们的身体经验。[2]

这是从声音的角度指出了当前娱乐节目将艺术元素变成"失去了国家隐喻和文化内涵的符号"，使节目呈现有意思、没意义。戏曲真人秀节目对于戏曲元素的碎片化处理，同样是娱乐经验贫乏的体现。在或唯美或热闹或夸张的戏曲元素表达的背后，是内涵的混沌和情感的空洞。加上戏曲成熟体系所自带的形式枷锁，当前的戏曲节目真的是一不留神便容易陷入无意思、无意义的双重虚无境地。于是，戏曲真人秀节目更需要挖掘戏曲本体及深层内涵，完善剧情设置，围绕主线架构和主旨理念有效施语，避免出现叙事语法

---

[1] （美）大卫·马梅著、曾伟祯编译：《导演功课》，广西师范大学出版社，2003年，第17页。
[2] 周志强：《唯美主义的耳朵——"中国好声音"、"我是歌手"与声音的政治》，《文艺研究》，2013年第6期。

上的过度偏差。

这里举两个例子来参照说明。在《叮咯咙咚呛》第二季中有这样一段，通过传承人给学艺明星做老北京炸酱面，引出艺术的师徒传承：

王树才（传承人）：你在这练，我给你做炸酱面去。

瞿颖（明星）：以前就是传统艺人拜师学艺的话，可能除了学艺之外，经常也会在师父家里吃住，帮着干活，经常有这样。王老师他传承了这种传统的仪式，除了教你学唱，他还给你做炸酱面。他会让你觉得是一种很温暖的那种亲情，让你感觉心里特别温暖。

王树才（传承人）：你看你跟我学了，我心里就特别激动。你只要有喜欢我们这民族艺术，我们的民族艺术就会传承下去。

这段对话虽然不够生动，但是想表达的艺术传承的意思，观众还是可以领略到的。问题出在了融合歌曲展示后，又来了这么一番：

董艺（主持人）：我听说瞿颖上次说，跟您学这个北京琴书，您后来怎么着来着？

王树才（传承人）：我还管了她们一顿炸酱面。

董艺（主持人）：那今天有面条吗？

王树才（传承人）：有啊！我不但管瞿颖的饭，那么我还现场端了三碗正宗的老北京炸酱面。

蔡国庆（嘉宾）：您怎么不早说呢？

董艺（主持人）：赵老师！因为赵忠祥老师，一说起这炸酱面，那可有说头了。我记得我第一次去拜访赵老师的时候，还真的吃了赵氏炸酱面。

赵忠祥（嘉宾）：因为老北京炸酱面确实有个讲究的，要有八个（菜）码。……这个八个码其实是很难凑的，所以你一凑就说明人家招待你的时候尽心尽力了。

【嘉宾、观众现场吃炸酱面】

李谷一（嘉宾）：（现场追述）其实有句俗话讲徒弟学会本事了，师父就饿死了。王先生他不但教会他的学生，收他为徒弟，完了还给他炸酱面吃，我觉得挺了不起的。他的寓意就是说，你拜了我为师了，我收你为徒弟，那我的饭碗就交给你了。

董艺（主持人）：来，我们来听听观众怎么说。

观众：好吃。

董艺（主持人）：好吃哈？老北京炸酱面就是棒。

这段围绕"炸酱面"的内容有2分钟，全程作为叙述主体的明星瞿颖始终处于失语状态。而这里想表达的核心是李谷一现场追述的"饭碗就交给你了"的师徒传承。这在与展示之前的外景中瞿颖的表述意思是类似的，于是这里的叙事就显得格外拖沓和偏离主线了。

那么出彩的叙事是什么样子？我们来看《我是歌手》第五季第七期中林志炫出场前有一段外景，他站在台湾街头：

> 跟大家分享一下，就是我从小吃到大的一个地方——基隆庙口。我喜欢这里的原因，我常跟人家说，全台（湾）最厉害的夜市在这里。为什么呢？因为，这里的很多摊位，他们都只卖一种东西。就好像我左手边这个红烧鳗羹，这是我很喜欢吃的，很好吃。（画外音：1965年，开到现在啊？）对啊，1965年，我还没出生呢，我是1966年生的。我要坐下来吃了……我吃了52年。我今年51岁，就是我妈在怀我的时候，我就开始吃了。我从小吃到大的一些摊位是80年来、100年来，三代传下来，只卖一种东西。流行的食物再怎么样地变化，它都不为所动，坚持继续专注手工，然后制作这一切。

随后以现场追述的形式，继续阐述"专注执着的匠人精神"：

> 一辈子专注做一件事，做到很棒很棒的人，那个状态下，那也是一种成功。我就get到了这一点。如果要通过音乐，我发觉自己内心的情感，我觉得还是要回归到手工，让有灵魂的乐手、有灵魂的声音，把你内在对这首歌的感受给挖掘、勾出来，我觉得只有手工音乐才达得到。

这段不到两分钟的叙述中，穿插着他走向舞台的镜头，顺利衔接上之后的舞台展示。从台湾街头的风土人情过渡到音乐人的匠人精神，整个叙事语法流畅自然。音乐之外的元素有，但点到即止，落脚点成功地放在了对音乐内涵的提炼上。引人入胜的故事、真挚细腻的情感、生动有趣的细节，共同构成了这样一段叙事典范。

5. 叙事指向：指向受众目标，拓展收视外延

叙事指向是节目的靶标，当以清晰为要。俗语所谓"看人下菜碟儿"，唯有指向受众目标，方能使得箭不虚发。当然，在稳定特定受众的同时，也可以适当拓展收视外延，争取尽可能多的受众，但仍要以精准的受众定位为前提，亦即少而精准好过多而无当。

前文已经提及，受众接受节目是一个解码的过程，从编码到解码不是一个单向度的呈现而是双向的互动过程，这里就需要考虑受众的解码立场问题。霍尔的编码/解码理论将受众的解码立场划分为受控于支配代码内的"主导-霸权式立场"、与支配意识形成协商格局的"协商立场"，以及理解传播意图并刻意对立的"对抗立场"。"主导-霸权式立场"中解码者完全接受编码者的意图，在其预先设定好的符码框架内进行解码。这是传播编码者意图的最理想状态——这种在"你播我看"的电视霸权时代的主流解码模式，早已在信息来源呈现爆炸式碎片化的自媒体时代分崩瓦解。取而代之占主导的是"协商立场"，解码者从自身的价值观和思维体系出发，对编码者的意图选择性地消化接收，并在解码过程中将个人的观点立场纳入到与编码者的协商格局之中。这部分是编码者争取非戏迷观众的努力方向。

"真人秀节目，要有一定的调解人们欲望的空间。"[①] 对于真人秀节目的受众来说，代入感是吸引其关注的主要动力，即节目的参与者与内容与我有关，我从中可以获得情感共鸣和心理满足。对于非戏迷来说，愉悦的娱乐体验、审美体验、教育体验是可以吸引到他们的。在这一点上，《叮咯咙咚呛》的出发点是值得肯定的。和所有的明星真人秀节目一样，《叮咯咙咚呛》吸引非戏迷所倚重的是明星的光环效应和受众的猎奇心理，节目利用明星的既定角色

---

① 尹鸿：《尹鸿自选集》，复旦大学出版社，2004年第364页。

设定和突破自身领域的跨界演绎之间的反差错位,来完成互补式的戏剧叙述。有着语言障碍、缺乏文化背景的韩国明星,与戏曲之间的距离较之当下中国的年轻人更为遥远。他们放下身段以学习的姿态来体验戏曲艺术,并且通过克服重重困难最终完成一次华丽表演,节目希望通过展现明星这种"西天取经"式的戏曲体验,为作为非戏迷的年轻人了解戏曲提供一种模式借鉴。

而对于传统戏曲节目的主要受众戏迷而言,他们在明星们的"谦卑"姿态下,可以获得一种补偿性的心理满足。"补偿心理是人们为了克服在适应社会的过程中所遇到的偏差,通过接纳外物审美特性和自我调节以弥补心理的空缺,使生理、心理由失衡达到平衡与和谐的一种心理。"[①] 戏迷的补偿性心理满足包括两个方面。一是对戏曲受重视和推崇的自豪感;二是作为戏曲门外汉的明星,其戏曲水平不及自身的优越感。这里需要警惕戏迷的"对抗立场"。这类解码者的知识储备使其能够完全领会编码者的意图,却故意站在编码者的对立面,以质疑批判甚至强烈抵制的姿态解构编码者所试图生成传递的主导意义。

因此,正视编码、解码过程中的偏差,把握受众的再编码方向,进行主动的更有深度的二次编码,是明确叙事指向的重要思路。此外,在戏曲类明星真人秀节目中,也可以让受众群体参与到叙事中来。比如在体验类真人秀中,可以适当地将票友、戏迷、普通观众乃至制作组成员纳入到环节设计中来,使观众获得参与节目建构的成就感,从而拉近与节目之间的心理距离。

四、结语

从《非常有戏》到《叮咯咙咚呛》,戏曲节目的新型综艺模式探索依然在继续。就节目形式来看,"泛娱乐化"的倾向愈加明显,而"娱乐至死"对戏曲本体的侵蚀也值得警惕。但就态度而言,我们并不排斥任何一种可能形式的尝试,"试错"也是探索的一种有效途径。因为退一万步讲,即便失败了,也至少证明了"此路不通"。当然,戏曲栏目的新型模式探索并非是单一路径,我们依然期待更多形式、更多可能的戏曲栏目出现。

---

① 李楠楠:《明星真人秀节目的受众心理分析》,《东南传播》,2007年第8期。

第四章
电视戏曲大赛的突破

这一章将集中笔墨来分析电视戏曲中一类特殊的节目类型——竞赛类节目。从某种意义上来说，戏曲是一种群体娱乐的艺术，戏班之间的斗台、演员之间的竞艺、票友之间的切磋，都是戏曲传播过程中再自然不过的活动，也是促进戏曲兴盛、维系戏曲热度的一个因素。在电视这一传播形式诞生之初，融观赏性、悬念性、参与性于一体的戏曲比赛，便顺理成章地登上荧幕，深受电视观众的欢迎。

对于电视大赛的举办，上海电视台走在前列，创办于1984年的《戏曲大舞台》在播出各种类型的集锦、晚会节目的同时，便参与组织播出了一系列的戏曲电视大赛。其中针对专业演员的比如"南北著名中年京剧演员交流会演""江浙沪越剧青年演员电视汇演大奖赛"，面向戏迷票友的如"上海市越剧爱好者电视演唱大奖赛""沪剧大家唱群英奖比赛"等等。

中央电视台举办大赛的历史也可以追溯到这一时期。1987年由中央电视台、中国戏剧家协会、《中国农村经营报》，以及各省市、自治区电视台联合举办的全国青年京剧演员电视大选赛，是中央电视台的一个大赛品牌"青京赛"的开始。这届大选赛分为初赛、复赛、决赛，凡是年龄在16到35岁之间的专业京剧演员都可以报名参赛。中央电视台在第一套节目对六场决赛进行了现场直播，评选出了25名演员获最佳表演奖，26名演员获优秀表演奖。随后1991年、1994年、2001年、2005年、2008年、2012年陆续举办，逐渐形成了四年一届"CCTV全国青年京剧演员电视大赛"（简称"青京赛"）的传统，到2016年已经是第八届了。中央电视台也有举办票友大赛的传统。比如1993年的北京国际京剧票友电视大赛，还有2001年的第一届京剧戏迷票友大赛，以及之后2003年的第二届、2007年的第三届、2011年的第四届，票友大赛也成为了中央电视台的一项保留赛事。此外，还有已经举办两届的"全国戏曲院校京剧学生电视大赛"（简称"学京赛"）；以及2013年举办的首届"全国少儿京剧电视大赛"（简称"少京赛"）……

我们将上述电视戏曲比赛定义为电视戏曲竞赛类节目中的一种——传统赛制节目。它们规模大、范围广、影响远，通过电视台搭台唱戏，以选手竞赛比拼为主要事件，还有最突出的一点是独立于具体的电视栏目之外自成一个整体。

第一节 "青京赛"——传统赛制的代表

传统赛制节目的作用是直观而明显的。以"青京赛"为代表的专业赛事，对于从业演员、戏曲教育机构都举足轻重，也是戏迷票友广泛关注的赛事。有人认为，"无论就持续时间还是影响空间来看，说'青京赛'成就了当下京剧大概不能算毫无根据。"[①]事实也确实如此。在"青京赛"走过的二十多年间，共有数千名风华正茂的专业京剧演员参加了大赛，涌现出了一批优秀的京剧人才，他们通过电视荧幕，为观众所熟知。而现在活跃在京剧舞台上的中流砥柱，绝大多数都曾经历过"青京赛"的洗礼。大赛的结果，对京剧演员个人职业生涯的影响不言而喻，得金奖往往意味着更受重视，意味着能够获得更多的学习、演出机会。同时，历届大赛还引发着行内专家的诸多思考和讨论。常见的有对于京剧发展导向、改革方向的思考，例如北大教授同时也是戏曲行家里手的吴小如先生在《1991年全国中青年京剧演员电视大赛观后感》中提出了一系列见地不凡的讨论话题，诸如：这是一次杂技大赛而非京剧大赛；关于《青石山》九尾狐扎靠；《江祭》的伴舞伴唱；《拿高登》的结尾到底是怎么一回事；《滑油山》改编后的效果究竟怎样[②]。再比如对于人才培养、戏曲教育的反思，对于由"青京赛"的举足轻重而引发的"应赛教育"的担忧[③]。

像"青京赛"这种专业性强、观赏性高、竞争激烈的专业赛事，也是深受戏迷票友欢迎的。资深戏迷看门道，他们的关注点不仅在于精彩集中的表演，还在于赛制是否合理、评分是否公允，大奖花落谁家的悬念也是吸引点。"青京赛"还能吸引一定数量的普通观众"看热闹"，因而在节目编排中适当地为这部分观众增加知识介绍和参与途径，可以有效增加普通观众的黏性，引导他们对京剧"路转粉"。

对于像"青京赛"这样受业内业外广泛关注的专业性传统赛制节目，电视节目制作者也是以审慎的态度"戴着脚镣跳舞"。有着数十年传统的"青

---

① 张伟品：《旁观"青京赛"》，《上海戏剧》，2012年第11期。
② 吴小如：《1991年全国中青年京剧演员电视大赛观后感》，《戏曲艺术》，1992年第2期。
③ 戴祖贵："青京赛"旁观琐感——应赛教育杂议，《四川戏剧》，2011年第2期。

京赛"，被誉为京剧演员的奥运会。奥运会既是选手之间的较量，也是国家之间的较量。"青京赛"既是演员之间的比拼，也是京剧院团、戏曲院校之间的比拼，更是对电视台这一组织平台的严苛考验。因为，作为比赛核心的赛制是由主办方——中央电视台来制定的。

既然把"青京赛"比作京剧演员的奥运会，是演员之间、院团之间硬碰硬的较量，那么赛制越简单越利于集中展示和公平竞争。打个比方，虽然时代在不断前进，但是在奥运会赛场上，短跑就是比速度，跳高就是比高度。那么"青京赛"的赛制，简单来说就应该是比较选手对剧目的完成程度。但是，体育跟艺术的评判标准又是不一样的。"体育规则分明，分秒必争；艺术标准错杂，冰炭同炉。规则分明，则近客观，竞争性强；标准错综，则近主观，观赏性高。竞争性强，往往一锤定音；观赏性高，每每瑕瑜互现。……是以私意艺术之属，其极致不当如竞技体育，立大赛而竞一时之秀耳。"①于是，问题就来了。如何使赛制尽可能地公允，是摆在主办方面前的一道难题。

同时，由于"青京赛"等央视举办的戏曲比赛，到复赛尤其是决赛阶段大多采取现场直播的形式，那么在赛制操作和现场效果之间还出现了新的矛盾：出于对赛制的整体掌控和节目进程，节目组对评委有着一定的限制。评委对于选手的考量，选手的彩排表现占有重要比重，而并不完全看选手正式比赛的现场发挥。这就导致了观众看到的选手表现，和评委给出的分数之间所存在的出入。而且，现场直播的形式也逐渐将电视观众的参与和决定权给抹杀了。回想20世纪90年代初，由中央电视台联合文化部振兴京剧指导委员会、中央人民广播电台、《中国京剧》杂志社共同举办的梅兰芳金奖大赛，电视观众与评委共同投票，其比重权限平起平坐，各占50%，大大激发了观众关注和参与的热情。到了第五届"青京赛"，观众投票与专家投票的比例倾斜为20%与80%，再看第七届"青京赛"，观众的投票权已经被完全取消了。对于在保证直播顺利操作的前提下，如何"还戏于民"，将观众的积极性调动起来，也是"青京赛"值得思考的一个问题。

此外，除了上述比较显而易见的选手、评委、观众方面的考虑，在电视

---

① 反客生：《网友看大赛》，《中国京剧》，2001年第3期。

台内部也有"内部矛盾"。电视台领导从宏观的角度考虑，希望打造赛事品牌、保证收视率，因此要求各种时新手段要积极运用，最好能带来一定广告效益。而活跃在直播一线的电视编导，他们更关注电视技术手段的多样化，比如通过在直播中嵌入回放、双画面等构思来丰富呈现效果。戏曲是舞台的艺术，面对面的观演互动是其主要的呈现形式。但是，由于固定视角的原因，观众始终是从一个定点观看表演。而在电视大赛中，多样化的镜头组合并不仅仅是把舞台上的比赛原封不动地记录下来，更可以通过机位的挪移、镜头的切换，运用俯仰、特写、多画面等手段，达到更好的观演效果，从而受到观众的欢迎。

回顾"青京赛"的举办历程，从赛事举办和电视呈现方面，第七届"青京赛"都代表着专业类传统赛制节目的发展动态。下面，就以第七届"青京赛"为例，来谈谈传统赛制节目的新气象。

2012年7月至9月，中央电视台成功举办了第七届"青京赛"。第七届"青京赛"共有来自中直、部队和全国27个省、市、自治区的490名选手报名参赛，可谓是盛况空前，这也充分反映出"青京赛"的巨大影响力和凝聚力。与前六届相比，第七届"青京赛"呈现出了诸多新的气象。

一、充分发挥电视直播优势

纵观第七届"青京赛"可以发现，无论是大的框架还是小的细节，无不紧扣"电视大赛"的主题，在可看性上做文章。

首先是大赛的流程完整，声势浩大，并且全程采取直播形式。第七届"青京赛"的序曲在"超越梦想——中央电视台第七届全国青年京剧演员电视大赛启动仪式"上奏响，如此盛大的开幕式在"青京赛"历届中尚属首次。为了大力弘扬国粹、推动传统艺术在更广阔受众里的传播，启动仪式由中央电视台综合频道和戏曲频道并机直播。紧接着是连续22场的复赛直播，以及连续17场的决赛直播，如此高密度长跨度的直播同样是"青京赛"历史上前所未有的。实践证明，此举收到了良好的收视效果。据统计，全国累计近3亿观众收看了第七届"青京赛",比上届平均收视率增长了130%①。随后戏曲频道直播的颁奖晚会,为第七届"青京赛"画上了一个圆满的句号。

其次,大赛的赛制充分考虑到了京剧艺术的本体特点,力求将比赛的可看性建立在专业性的基础之上。电视大赛由于参赛选手众多,播出时间有限,为了让选手们在荧屏上展示出最佳风采,大赛采取了限时演出的方式,选手从全剧中撷取最能体现自己表演水平和特长的部分,进行重新编排,在15到18分钟的时间内集中展示自己的实力。而在限制时长、浓缩精华的同时,大赛放宽了剧目的限制,《滑油山》《游六殿》等不常见于荧幕的"冷戏"得以在第七届"青京赛"上亮相,这大大丰富了参赛剧目。此外,大赛还放宽了演员行当的限制,数量可观的女老生、女花脸、女武生、男旦崭露头角,成为大赛的一大看点。

我们都知道,"电视与人文精神密不可分,弘扬人文精神是电视文化传播的责任"。作为选拔艺术人才的比赛,大赛必须保证对每个选手做到公正、公平。但是与此同时,在电视节目的制作中,应当"融会着满腔爱心、充满善意的真诚关怀"②。第七届"青京赛"以点切入,通过细节的设计,展现出大赛的人文关怀,收到了良好的效果。例如,内蒙古一位90岁高龄的老人来信说,盼望在电视上看到为参赛选手伴奏的孙女儿。经台领导批示,导演组与主持人精心策划,圆满地满足了老人的愿望。这种直播过程中的互动,也为激烈的比赛增添了一抹温情。

二、戏曲频道多栏目通力协作

随着信息共享的深入、资源配置的优化,中央电视台提出了"频道品牌化"的发展战略。具体来说,就是以频道为中心,淡化栏目意识和部门意识,从整体定位出发,准确调整内部结构,合理规划频道空间,从而形成富有竞争力和拓展性的频道品牌。在此背景下,为了进一步扩大大赛的宣传力度,戏曲频道充分发挥频道合力,打通多栏目为第七届"青京赛"造势。

---

① 数据来源:央视-索福瑞(CSM)。
② 欧阳宏生:《电视文化学》,四川大学出版社,2006年,第172页。

《主持人全天陪伴您快乐收视》(简称《伴视》)是戏曲频道自2011年初开办的一档栏目,其定位是串联全天的播出节目,介绍相关的背景知识。自第七届"青京赛"开赛以来,《伴视》栏目在其"戏曲小知识"版块,系统地介绍了"青京赛"历届大赛的相关情况,并且紧跟大赛的进程,以图文、声像并茂的形式,为观众带来京剧行当的相关知识。此外,由于复赛与决赛之间有一个月的时间间隔,为了延续复赛所形成的关注热度,同时为决赛预热,《伴视》栏目为进入决赛的100名选手制作了宣传小片,在节目中滚动播出,收到了很好的关注度。

《戏曲采风》是戏曲频道的一档集新鲜戏闻、丰富资讯、深入报道于一体的综合性栏目。在第七届"青京赛"决赛帷幕即将拉开之际,为了及时报道百名入选选手的备战情况,《戏曲采风》栏目奔赴各地院团进行跟踪拍摄,制作成特别节目《青京赛追踪报道》。在决赛期间,《戏曲采风》栏目与大赛合并包装,在每场直播开始之前带来"选手晋级回顾",观众可以从中了解到决赛选手在初选和复赛中的精彩片段展示、选手的复赛成绩、评委的精彩点评,亲友团和观众的助威加油,以及选手们备战决赛的采访等精彩内容,从而进一步了解决赛选手台前幕后的花絮故事。

CCTV《空中剧院》栏目以"百花齐放、继承创新、强强联合、德艺双馨"十六字方针为宗旨,为当今活跃在京剧舞台上的优秀演员提供展示才华的平台。为了提高第七届"青京赛"获奖选手的社会知名度,进一步提升"青京赛"的品牌影响力,CCTV《空中剧院》栏目在大赛落下帷幕之际,携手多家京剧院团以及北京梅兰芳大剧院、上海天蟾逸夫舞台,推出了《第七届"青京赛"金奖选手演唱会》,以及包括传统大戏《四郎探母》《伍子胥》《红鬃烈马》等七场大戏的"历届青京赛获奖演员联合展演",八场直播延续了第七届"青京赛"的收视热度,形成了新一轮的收视浪潮。

三、多种媒介发挥宣传合力

通过广播电视、网媒、纸媒等媒体联动,进行立体、全方位的宣传,是第七届"青京赛"的一大特点。所谓媒体联动,是指在一定时期内跨媒介或跨地域的媒体之间，通过某种方式进行信息共享和交流互助的现象①。为了提高戏曲艺术的媒体曝光率，第七届"青京赛"在决赛现场专设了"媒体席"，央视网、新浪网、网易、《光明日报》《北京青年报》《京华日报》、武汉广播电视总台、东南网等主流媒体均派记者来到现场。上述媒体均对大赛进行了连续的跟踪报道，保证了第七届"青京赛"的宣传力度。

在传统电视直播的同时，大赛在中国网络电视台CNTV上进行了同步的网络直播。此外，第七届"青京赛"还在新浪网上开通了"CCTV戏曲频道"官方微博，同步进行网络"微直播"。有道是"大军未动，粮草先行"，在启动仪式之前，大赛组委会便在中国网络电视台CNTV和新浪微博"CCTV戏曲频道"上进行预热造势，以"揭秘亮点"和"倒计时"的方式进行图文直播，充分运用新媒体手段扩大影响力，受到了网友的热情回应和反馈。随后的复赛、决赛，以及颁奖晚会，同样在官方微博上进行同步的图文直播，旨在促使不看电视的网友打开电视，同时让常看电视的戏迷多一条沟通的好渠道。值得一提的是，网络"微直播"在关注台前的同时，还注重挖掘幕后花絮，以使网友们对大赛形成全方位的直观感受。细致的扮戏过程、精美的服装道具，乃至侧幕伴奏席上抢眼的"犀利鼓师"，都是网友们"围观"的热点。

H.拉斯韦尔在其《传播在社会中的结构与功能》一文中指出，传媒的社会功能可以概括为环境监测、社会协调、社会遗产传承三个方面。随着时代和科技的发展，这一观点被进一步补充、完善，如赖特认为传媒还具有"提供娱乐"的功能等②。京剧有着200多年的历史，因其深厚的社会底蕴和文化承载，2010年被选入联合国教科文组织"人类非物质文化遗产代表作名录"。另一方面，在电影、电视剧等现代娱乐形式兴起之前，看戏是中国民众最主要的娱乐方式。虽然在娱乐方式多元化的今天，戏曲的受众大幅缩小，但是其娱乐功能依然存在。故而可以说，"青京赛"兼具了传承社会遗产和提供娱乐的双重功能。国粹虽然是古老的，但宣传国粹的手段可以是新潮多样的。网络"微直播"积极促进了网友与网友之间、网友与演员之间，

---

① 参见李淑欢、赖浩锋：《媒体联动打造传媒合力》，《广东广播电视大学学报》，2004年第3期；周雯、王文渊：《媒体联动趋势下的电视媒体发展思维》，《中国广播电视学刊》，2008年第2期。

② 郭庆光：《传播学教程》，中国人民大学出版社，1999年，第113–114页。

以及网友与组委会之间的沟通互动。值得一提的是，对于网友们提出的一些积极建议，组委会及时反馈。典型的一个例子是，应网友要求，组委会在直播字幕上做了一定调整，主要表现在两个方面：一是给京剧唱腔标注唱腔板式，以更好地普及京剧知识；二是响应观众"红花还需绿叶配"的呼声，为主要演员配上字幕。

不仅如此，大赛组委会还首次通过网络，发起关于"评委回避制度"的投票，并最终采纳占有 52.7% 最高投票率的民意所向，实行"评委回避制度"。此举受到了网友们的好评，虽然很多网友都理解戏曲师承背景特殊的性质，在哪种层面回避还须细化，但对这种民主和互动表达了强烈的支持。网友们不仅参与了赛制的设置，还参与到了奖项的评选上。"百里挑一——最具网络人气奖"正是一项直接由广大网友评选的奖项。组委会将进入决赛的一百名选手的参赛信息发布在网上，由网友投票，从中选出一位最受欢迎的人气之星。

此外，从复赛开始，大赛组委会在新浪微博"CCTV 戏曲频道"上举行了多轮"约您到央视看大赛"的有奖转发活动，共吸引了数千人关注和参与。可以说，微博和电视的互动，调动起了新老观众的积极性。网友热评大赛"给力""新潮""参与感强"，认为"青京赛"是选拔京剧人才的最好契机，比喻"青京赛"是"锣鼓点上的中国"。组委会在网友们上万条的留言中，精选出独到、新颖的评论，通过主持人口播和横飞字幕的方式，与电视观众分享，从而做到电视直播与网络直播的完美交融。

纵观第七届"青京赛"，在呈现新气象的同时，仍然存在很大的提升空间。具体而言，主要表现在两个方面。

（一）专业性与可看性有待进一步融合

就定位而言，"青京赛"具有双重属性：其一是以"弘扬民族文化"为宗旨的电视节目；其二是以"推出京剧新人"为目的的专业赛事。前者强调可看性，后者要求专业性。两者之间既有一致之处，又不可避免地带有一定程度上的矛盾性。因而，如何能更好地提高"青京赛"的专业性与可看性，以及两者如何进一步融合统一，是值得思考的一个问题。

从专业性的要求出发，第七届"青京赛"虽然有启动仪式、复赛、决赛、颁奖晚会等一系列比赛环节，但是呈现在观众面前的竞技内容，只有两段不到20分钟的折子戏。作为选拔人才的一项比赛，这样的赛制多少显得有点单薄。回顾以往的大赛，前几届除了剧目展示外，还有对演员的京剧知识、文化功底的考核。第六届"青京赛"虽取消了知识测评环节，但加强了对选手京剧基本功的考核，即选手除了进行剧目展示外，还须进行京剧形体技巧的现场展示。相比之下，第七届"青京赛"环节的多样性略显不够。这不仅从专业性的角度出发，对选拔优秀京剧人才产生一定的偏颇影响，也在很大程度上影响到了大赛的可看性。

此外，有关专业性的要求不仅体现在京剧演员的竞技上，同时也体现在大赛的主办方——中央电视台戏曲频道方面。在选拔专业人才的同时，"青京赛"还兼具有普及京剧知识的功能。作为大赛平台的中央电视台有着强大的传播影响力和辐射力，倘若在一些基本的京剧知识上出现讹误，势必会对观众带来严重的误导。第七届"青京赛"在行当、剧目等方面，依然存在着一些模糊、混乱的情况，也引来了电视观众和网友的质疑。这些都对大赛组委会的"专业性"提出了进一步的要求。

另一方面，作为一项由中央电视台戏曲频道主办的赛事，"青京赛"毕竟是一档直播的电视节目，势必要满足观众的娱乐诉求。"青京赛"采取的是传统的淘汰赛制，倘若把时下选秀节目中热门的复活赛制、PK赛制引入其中的话，可大大增加悬念性和紧张感，从而提升节目的可看性。值得注意的是，"青京赛"毕竟是承担着严肃使命的专业大赛，除了丰富赛制以外，在比赛方面提升可看性的空间并不大。换句话说，在比赛阶段，选手展示的部分基本上是固定的。所以，要进一步提高可看性，必须从主持人的串联上做文章。要做好戏曲节目的主持人，难度非常大。具体到"青京赛"上，主持人必须掌握一定的京剧专业知识，才能从容地向观众介绍剧目的背景知识，以及参赛演员的行当、流派等信息。此外，在"专业性"要求的同时，"青京赛"的主持人还必须兼备"娱乐性"。因为在如此竞争激烈的行业赛事中，主持人对于大赛的节奏、风格有着不容忽视的影响。与时下流行的一些选秀节目相比，第七届"青京赛"在节目串联上偏于保守。虽然主持人有意识地加入了一些选手的背景介绍、花絮披露，但大多流于表面，没有取得好的效果，观众并不是非常认可。像上文提到的祖父在荧屏上见到孙女的设计，则属于第七届"青京赛"中不可多得的一笔。因此，要想进一步提高大赛的可看性，主持人需要在提高京剧知识素养的同时，更加深入地挖掘、开发乃至策划、包装一些吸引观众的亮点。

（二）媒介联动还须深度开掘

尽管从纵向上来看，第七届"青京赛"在与新型媒介的联姻程度上，远远超过了前面几届大赛，但是就横向比较而言，京剧艺术（或者说戏曲艺术）与现代传媒联接的紧密度，要明显落后于流行文化。从第七届"青京赛"的情况来看，其媒介联动模式仍处于刚刚起步阶段，需要进一步地探索，形成更加适合传统戏曲传播的独特方式。

虽然第七届"青京赛"在决赛现场专设了"媒体席"，近十家主流媒体均派记者来到现场，对大赛进行跟踪报道，但是其刊发的大多是由大赛组委会撰写的通稿，而非真正能产生效应与影响的新闻点。造成这一局面的原因主要有两个方面：一是由于当下京剧的社会关注度较低，媒体记者没有动力去花心思挖掘吸引眼球的亮点；二是由于京剧的专业性强，作为戏曲外行的记者想要找到精准的关注角度，也是颇为不易。但是，如果不有效利用大众传媒的影响力进行京剧宣传，京剧艺术势必会在公众的视野中陷入愈发式微的境地。由此形成恶性循环，更加不利于京剧的宣传普及。

在新浪微博"CCTV戏曲频道"上进行的图文并茂的"微直播"，是第七届"青京赛"媒介联动中的一大特色。具体而言，网络"微直播"的主要形式是编辑现场拍摄的照片，配以参赛选手的基本文字信息，在微博上发布。其最大的功能在于为网友们提供了一个窗口，网友们对于演员表演、评委打分、大赛印象等的种种评价皆可以通过这个窗口表达出来。这种形式的不足在于"微直播"本身缺乏深度，还有进一步挖掘、提升的空间。试提几点建议：

一是可以就演员所选择的剧目，介绍相关的京剧知识，如行当流派、剧目特色、主要看点等。当然，这些知识必须要绝对准确，不能有丝毫的误导。同时，参赛选手的相关专业信息也可以考虑作适当的介绍，但是一定要格外慎重，避免厚此薄彼、有所倾向，进而引起网友的不满和猜测。

二是将关注点从台前扩展到幕后，为网友直观地呈现选手比赛前后的花絮信息。除了参赛选手之外，配戏的演员以及服装、化妆、道具等工作人员，都可以选取适当的角度予以展现。这里既涉及京剧知识的普及，也是对整个大赛运作过程的直观展示，定会受到网友的欢迎。

三是在不涉及评判倾向的前提下，把网络"微直播"当作另类的创作平台。作为中国戏曲的集大成者，京剧艺术兼容并蓄，不同的视角下可以呈现出不同的美感。一句唱词可以引起情感的共鸣，一件道具可以构成充满意境的画面。因而，可以尝试用美的眼光去发现大赛中的诗意，创作出引人入胜的图文。相信这种直观的美所带来的冲击力，在一定程度上可以使观者对京剧产生亲近与向往，进而产生了解京剧的愿望。

和很多综艺类节目一样，电视大赛这一形式仍然在不断的发展变化之中。我们相信，"随着文艺编导们创作思路的拓展，受各种艺术形式和电子技术的刺激，还会有新的灵感产生，还会出现前所未有的新形式，给电视观众们新的文化娱乐和审美享受。"① 而作为现代传媒与传统戏曲的联姻，"青京赛"更有其重要的普及、传播意义。如今的很多观众，尤其是年轻人对戏曲的热情不高，甚至本能地排斥，但他们并不是真的不喜欢、不接受，而是因为缺少接触途径而无从了解。正所谓"不到园林，怎知春色如许"，通过荧幕打开一扇窗，让观众惊艳一座园林。这是电视戏曲的职责和使命，同时也是通过多方努力后，"青京赛"可以实现的品牌力量和影响。

第二节 票友大赛的发展与"少京赛"的成功

传统赛制中，还有一类面向戏迷票友的比赛。中央电视台以其权威和规模，是举办这类赛事的代表。例如，1993年由中央电视台组织的北京国际京剧票友电视大赛，吸引了来自14个国家和地区的691名选手参赛。作为一次由中央电视台组织并录制播出的电视大赛，那次大赛在中央电视台四套播出了5场每场100分钟的决赛实况录像，在第一套、第二套播出了50分钟的决赛集锦。最重要的是，中央电视台通过第二套和第四套同时向海内外

---

① 杨燕:《中国广播电视文艺大系（1977–2000）·电视戏曲卷》，中国广播电视出版社，2008年，导言第6页。

现场直播了 100 分钟的颁奖晚会实况,此后还在第三套中重播了这场颁奖晚会。当时,第四套覆盖了六十几个国家和地区,还有美洲东方卫星电视,使得大赛获得了空前的传播影响力。在促进国际文化艺术交流、扩大京剧的世界影响力,以及增进台港澳同胞、海外华人、外国友人之间的友谊等方面都有着不可小觑的意义[①]。此外,2001 年中央电视台举办了"第一届京剧戏迷票友大赛",由三套和十一套并机直播。后来,京剧戏迷票友电视大赛成为了央视的一项保留赛事,至今已经举办了四届。

传统的戏迷票友电视大赛,注重权威性和公正性。比如 1993 年北京国际京剧票友电视大赛的评委都是权威的京剧艺术家,如厉慧良、阎世善、王金璐、杨秋玲等。票友参赛不仅仅能够在荧屏上展现风采、在台下相互切磋,最重要的是能够获得专业的指导、点拨。而对于电视台来说,大赛的主要目的是培养青年观众:"先让他们产生兴趣,先从最精彩的片段着手,然后一点点地了解戏曲的历史、人物、流派等相关知识。看大戏需要时间和耐心,这些条件年轻观众可能都不很具备,通过精彩唱段抓住观众的兴趣,慢慢地他们才会自愿牺牲别的时间,别的爱好,把精力投入到戏曲当中来。"[②]

这类比赛的全新趋势,则是专业性的消解和娱乐性的注入。一个典型的案例,是 2013 年由中央电视台戏曲频道举办的首届"全国少儿京剧电视大赛"(简称"少京赛")。在电视娱乐化浪潮下,"少京赛"完成了一次成功的戏曲推广,也代表了传统赛制节目发展中的新趋势。

由央视戏曲频道举办的首届"全国少儿京剧电视大赛"(以下简称"少京赛")是 2013 年盛夏的一档热门节目,决赛第一轮直播平均收视率 0.28%,平均收视份额 0.94%,与去年同时段相比,收视率提升 109%,创下了央视戏曲频道收视的最高纪录。决赛第二、三轮平均收视率达到 0.33%,平均收视份额为 0.99%[③]。高收视带来的影响力显而易见,对于长期处于观众视野边缘的央视戏曲频道来说,"少京赛"的成功经验无疑是值得总结和借

---

① 杨刚毅:《电视与国际性活动结合的尝试——北京国际京剧票友电视大赛后话》,《电视研究》,1994 年第 1 期。
② 王岱、刘扬:《梨园满台秀 戏美倾九州——对中央电视台"第一届京剧戏迷票友大赛"总导演许玉琢的采访》,《新闻爱好者》,2002 年第 1 期。
③ 数据来源为央视内部统计报表。

鉴的。

在电视娱乐化背景下，娱乐不再是单一的节目类型的概念，而已然成为构成节目形态的重要元素。可以说，"少京赛"正是以娱乐化为创意手段，实现了一次成功的戏曲推广。

一、少儿视角对京剧的消解与重建

随着"少京赛"的加入，央视戏曲频道正式形成一年一个大赛，四年一个轮回的惯例。此举进一步完善了京剧大赛的平台，即以"少京赛""学京赛"（全称"全国戏曲院校京剧学生电视大赛"）"青京赛"（全称"全国青年京剧演员电视大赛"）涵盖京剧人才培养的三个梯队，再通过"票友大赛"（全称"全国京剧戏迷票友电视大赛"）作为补充，致力于挖掘京剧的民间力量。与高度专业性的"青京赛""学京赛"，以及以成人为主力军的"票友大赛"相比，"少京赛"的受关注程度无疑更高，这与"少京赛"独有的"少儿视角"密切相关。

近年来，少儿选秀节目异军突起，成为深受欢迎的大众节目类型。在电视娱乐化的背景下，"少京赛"向少儿选秀借力，用少儿的天真无邪拉下了传统国粹的"架子"，借助儿童的独特魅力成功地消解了观众与京剧的心理距离，并将之引向群体狂欢。据央视公布的精确统计，平均每13个中国人中就有一位收看了"少京赛"。从"少京赛"特设的第二现场也可以看出，一个孩子参赛牵动的是整个家庭、整个班级乃至整个社区、整个县城的关注，京剧的影响力也正在这无形的社会网中悄然渗透。这种巨大的社会效应是任何成人节目所无法比拟的，而在这一过程中所产生的京剧宣传作用，正是"少京赛"的意义所在。天津市艺术研究所名誉所长刘连群作为"少京赛"监审，在接受笔者采访时对"少京赛"做出了解读："少儿的比赛有一个最大的特点，就是童真童趣。中华民族一直有尊老爱幼的优良传统。人们看见小朋友，都会有一种由衷的喜爱。这种喜爱与京剧的魅力结合在一起，就产生了一种'正能量'。"

对少儿的喜爱消弭了观众对于京剧"不易亲近"的顾虑，同时也淡化了观众在文化背景、认知水平以及年龄等诸多方面的差异。"少京赛"的节目定位是"好看、好玩儿"①，少儿的游戏色彩冲击着观众的视听神经，瓦解了京剧的严肃性（其严肃性主要表现在对传统、规范的敬畏），将戏曲本就具有的娱乐属性充分调动起来。于是，对于从未接触过京剧的普通观众来说，京剧不再"高不可攀"，而是真正成为一项老少咸宜的文艺形式。

更为可喜的是，少儿视角在对传统京剧距离感和严肃性进行消解的同时，还成功地展示了京剧未来的可重建性。笔者通过对进入到决赛的180名选手的采访了解到，绝大多数孩子都是自发地喜欢上京剧的，学京剧也是出于兴趣。他们在偶然接触到京剧这门古老艺术后，或被华丽的服饰所吸引，或因多彩的脸谱而着迷，或为动人的故事所打动，可见博大精深的京剧艺术对于"00后"依然有着无穷的魅力。对此，中国戏曲学院京剧研究所所长赵景勃引用《牡丹亭》中的名句"一生儿爱好是天然"表示赞叹，可谓是恰如其分。而且，本届"少京赛"选手的艺术水平普遍很高，呈现出了"少儿专业化"的态势，这也让人们看到了京剧发展的希望。毫不夸张地说，对于很多素有京剧情结的观众来说，"看'少京赛'，主要不是在看热闹、看输赢，而是在看希望、看未来"②。

二、直播"真人秀"的尝试

"少京赛"是一档直播的"真人秀"③节目。时下，各类"真人秀"节目层出不穷，而直播的"真人秀"则少之又少。究其原因，大体是因为"真人秀"节目没有精确严密的脚本，仅提供游戏规则和大体框架。参与者作为非专业演员，会产生很多无意义的冗余内容，使得节目在节奏控制方面的难度很高。并且，直播是将现场的一切及时、真实地呈现在观众面前，不管哪个环节出现失误，都会对节目造成难以补救的影响。"少京赛"敢于做成直播

---

① 张成：《电视戏曲节目为何也创高收视率》，《中国艺术报》，2013年12月16日。
② 秦来来：《追"梦"京剧——首届全国少儿京剧电视大赛业余组比赛观感》，《上海戏剧》2013年第10期。
③ 关于"真人秀"（reality television），未见权威、规范的定义。百度百科将之解释为："一般是指以电视传媒为介质，通过举办某一类别的比赛活动，以从多名参赛者中选取最终获胜者为目的，同时有着丰富的奖品，可以获得广泛的经济效益的电视节目。"以此为参照，"少京赛"确实可以算作是一档"真人秀"节目。

的"真人秀",源于其客观的优势和主观的周密编排。

客观方面的优势有二:第一,戏曲本就是强调当众表演、注重临场发挥的艺术,其表演讲究渐入佳境,直播的一气呵成恰正与之契合;第二,"少京赛"是一档以少儿为参与主体的节目。少儿特有的不可预期性一方面给节目增加了不稳定因素,但同时也为节目带来了悬念和期待。即便孩子在比赛中出现严重失误也无妨,那甚至会令节目更加精彩,通过直播镜头观众也能因此获得更为强烈的现场感与参与感。

主观方面,"少京赛"在流程的衔接上做足功课,将录播节目中可能会被剪辑掉的冗余环节通过精心设计,转化成直播中的亮点内容。试举一例:为了呈现幕后的精彩故事,"少京赛"特地设立了第二现场,邀请选手的亲友团助阵。选手从第二现场上场,进入到第一现场进行比赛,然后再回到第二现场的亲友团中,一起接受采访。如此一来,选手上下场变成了一个耗费时间却又无法省略的环节。节目组的解决方案是将上下场设计成选手进行"真人秀"的一部分。在音乐的烘托下,选手走过布满星光的梦想之门,斯坦尼康镜头的正面拍摄将选手上场时或紧张或放松的状态和下场时或兴奋或沮丧的情绪实时捕捉下来。尤其少儿特有的率真使得他们比成人更易流露真实的情感,每位选手的个性就在镜头里如实展现,简单的上下场也因此充满了可看性。

对于节奏难以掌控的问题,"少京赛"是通过主持人的串联来解决的。三位主持人与导演组密切配合,严格控制每个环节的耗时。并且,主持人通过恰当的引导,及时调节现场气氛,并且努力让选手在有限的时长内展现出尽可能多的看点。

三、娱乐性的突破与专业性的坚守

"电视主要是一种娱乐载体,在电视上亮相的一切都具有娱乐性。"[①] 可以说,电视戏曲比赛一直纠结于专业性和娱乐性该如何折衷的问题上,对于

---

① (英)尼古拉斯·阿伯克龙比:《电视与社会》,张永喜、鲍贵、陈光明译,南京大学出版社,2001年,第6页。

"重专业性"还是"重娱乐性"的争议也是一直存在。从央视戏曲频道举办"青京赛""学京赛"、《越女争锋》《寻找七仙女》等戏曲比赛的经验来看,参赛选手大多是抱着比拼专业的心态来参赛,而电视节目的可看性又离不开合适的娱乐化元素。通过多元化的定位,成功地完成专业性与娱乐化之间的借力与平衡,正是此次"少京赛"获得成功的一项重要经验。

"少京赛"决赛第一轮分为少年专业组、少儿组和少年业余组三个组别。规范细致的"少年专业组"侧重于选拔梨园新苗,而活泼讨喜的"少儿组"、精彩纷呈的"少年业余组"则着力于展现京剧魅力。在第一轮的经验基础上,为了让每场比赛都有多样化、全方位的欣赏效果,决赛第二轮打通了三个组别进行混排。这样,专业与业余之间各有偏重,又实现了交叉与融合,此举既大大增加了比赛的可看性,更有效地避免了京剧本体的土崩瓦解。

在比赛环节的设计上,"少京赛"还引入了时下非常流行的"导师制",由专业评委组成"评委指导团队",对选手进行特训。这种形式对于京剧来说,既是对《中国好声音》等当红娱乐选秀节目的借鉴,也是对京剧传统的回归。因为众所周知,京剧的传承非常注重根基。自诞生之日起,便采用师父带徒弟的形式,讲究"口传心授"。评委的现场点评也是"少京赛"的一大看点,充分展现了"少京赛"专业性与娱乐性合二为一的特点。"少京赛"聘请了极富舞台经验的专业评委,他们以专业的眼光,对选手的唱腔、念白、身段、韵味等各方面进行指导和点拨。除了活跃在京剧舞台上的优秀演员、琴师外,"少京赛"的评委中还有深谙戏曲门道的相声名家,以及熟悉京剧掌故的电视编导。他们从独特的视角出发,对选手的表演进行点评,严肃与戏谑交织,尺度拿捏精准,达到了很好的节目效果。

可以说,"少京赛"是电视娱乐化浪潮下顺势而为的一次尝试,其成功的秘诀是在立足京剧本体的前提下巧妙借势、准确定位。高收视率所产生的推广效应不言而喻,相信定会有更多的孩子接触京剧、爱上京剧、学习京剧。而随着京剧在少儿中的普及与振兴,"少京赛"也定能成为央视戏曲频道的一项品牌赛事。

除了传统赛制节目之外,近年来还涌现出一系列有别于传统赛制节目的新型赛制节目。新型赛制节目大多以某个特定的戏曲栏目为依托,通过新颖独特、自成一体的赛制设置,以一个接一个的整体性的循环来构成戏曲栏目。从一定程度上来说，前文重点论述过的《梨园春》《相约花戏楼》是新型赛制节目的前身。同时，受到《越女争锋》《寻找七仙女》等季播类赛事节目的影响，目前新型赛制节目也有季播化的倾向。比如，中央电视台戏曲频道的《一鸣惊人》栏目，在 2015 年改版之前是一档票房团体竞技类栏目，2015 年全新改版为季播节目后，已先后播出了"黄梅戏名家名票组团战""京剧名家名票组团战""越剧名家名票组团战"等短小精悍的剧种赛事。《过把瘾》栏目是央视戏曲频道的一档老牌的戏迷参与栏目，近年来推出了"少儿戏曲欢乐季""炫美青春大学生京剧戏迷秀""黄梅戏戏迷群英汇""越剧戏迷群英汇""婆迷争锋""盛世和鸣——首季京剧琴票群英汇""盛世和鸣首季京剧乾旦坤生群英汇""豫剧戏迷群英汇"等多个剧种的戏迷比赛。曾经与安徽卫视《相约花戏楼》联合打造《寻找七仙女》赛事的戏曲频道《青春戏苑》栏目，在播出"粉墨嘉年华——越剧流派传人群英会""秀出我风采——全国昆剧青年演员展演"等以展示青年演员为主的节目的同时，也推出了"盛世花为媒——评剧青年演员群英会""金豫满堂——豫剧青年演员选拔"等赛事。

  其实，要给这些所谓的新型赛事准确定位并不容易。与传统赛制节目相比，它们大多规模小、周期短，颇像是限于一个特定群体的自娱自乐；与《梨园春》《相约花戏楼》相比，又缺乏一以贯之的体系和品牌效应；而相较《非常有戏》《国色天香》一类新型娱乐节目，又显得囿于赛制本身，没有将娱乐进行到底。

第五章
电视戏曲晚会的变迁

以演出文艺节目为主的晚会，很适合在电视上播出。20世纪80年代，电视逐渐走进千家万户，文艺晚会是电视观众喜闻乐见的一种形式，而在这当中戏曲节目占了相当大的比重，专门的戏曲晚会也时常出现在荧屏上以飨观众。电视戏曲晚会作为传统戏曲艺术和现代电视传播相结合的一种特殊形式，"既是一种对传统戏曲艺术的复制，也是一种电视艺术的再创造"①。虽然随着文艺形式的多元化发展，戏曲节目在文艺晚会中的比重有了很大幅度的下降，但对于节目形式和戏曲晚会样式的探索，始终没有停止。

第一节　电视戏曲晚会的类型

对于电视编导来说，电视戏曲晚会是一场命题作文。晚会通常有一个明确的主题，它是一台戏曲晚会的纲领，从节目、演员的选择编排到舞美、灯光的设计搭建，无不是围绕着特定的主题呈现出繁而不乱的秩序。如果将一台晚会中的节目比作一颗颗珍珠，那么主题不仅仅是那根连珠成串的线，还起着使整串珠子更加和谐的点缀着色作用。有着多年电视戏曲晚会经验的中央电视台高级编辑江则理在《电视戏曲晚会的创意与策划》一文中将电视戏曲晚会的主题分为年节庆典类、大型特定活动类、专题纪念类、赛事颁奖类和其他类②。本文在参考这一分类的基础上，结合近年来戏曲晚会的发展趋势，将电视戏曲晚会大致划分为以下三大类：

第一类是节庆类。中华民族自古有在节日时集会庆贺的传统，其中搭台唱戏又是最为常见、最受欢迎的一种形式。电视的出现在某种程度上加速了戏曲的欣赏节奏，因而节奏更为紧凑的电视戏曲晚会，也就成了全本大戏之外的另一个好的选择。尤其是在"过大年、唱大戏"的文化传统下，春节戏曲晚会在电视走入百姓生活不久后，便应运而生，并逐渐成为戏迷观众在春节期间格外关注的一项保留内容。中央电视台举办春节戏曲晚会已经有二十

---

① 施旭升、孙钰婷：《新的历史情境中的秩序和意义——中央电视台春节戏曲晚会的本体特征解析》，《现代传播》，2006年第2期。
② 江则理：《电视戏曲晚会的创意与策划》，《中国电视》，2004年第4期。

余年的历史了,从形式到内容,从继承到创新,从意识形态到艺术呈现,"央视春节戏曲晚会,在欣赏娱乐之余,更有着它在继承优秀传统、增强凝聚力量、和谐公众心态、增强民族意识等方面的特殊意义。"[①] 很多省市级地方台也举办春节戏曲晚会,比如戏曲大省河南、山西等,其地域特色更为鲜明。例如,由《梨园春》承办的河南电视台春节戏曲晚会,从《梨园春》栏目所具有的地域特色、艺术特色、人文特色入手,"用自己独特的、带有点'家乡清新土腥气'和'戏曲氤氲水蒸气'的'招牌菜'招徕观众,成为了一盘风味独特的可口佳肴。"[②] 例如在2006年的河南电视台春节戏曲晚会上,一个戏曲小品《新五女拜寿》就荟萃了河南省九种戏曲、曲艺类型,会集了14位在河南家喻户晓的戏曲、曲艺演员,集中展现了河南省蓬勃多彩的艺术风貌。除了地域特色之外,晚会还有鲜明的栏目印记。基于《梨园春》栏目的节目特点,河南电视台春节戏曲晚会除了富有本土特色的戏曲节目之外,还会在现场打起擂台、抽起大奖。值得一提的是,近年来一直在时尚荧屏占据领军地位的湖南广电,也于2016年录制了首届新春戏曲晚会,晚会以湖南本土特色剧种湘剧、祁剧、湘昆、花鼓戏等为主打,展现浓郁湖湘风情的同时,也在某种意义上体现了传统文化的回归以及现代时尚对传统文化的反哺。

中央电视台戏曲频道作为国家级的戏曲传播专业平台,除了一年一度的春节戏曲晚会之外,在各类传统节日如元宵节、七夕、中秋节、重阳节等,和重要节庆日如元旦、五一劳动节、五四青年节、七一党的生日、十一国庆节等,也往往会精心策划一台切合节庆主题的戏曲晚会。这些晚会通常以欣赏为主,营造出节日联欢的氛围。

节庆类戏曲晚会中还有一个比较特殊的,那就是每年由中宣部、文化部主办,由中央电视台进行录制播出的"新年京剧晚会"(近两年升级为"新年戏曲晚会")。这台晚会汇聚着最顶级的表演阵容,既具有极高的艺术欣赏价值,同时也是国家意识形态通过传统艺术形式的集中呈现。当年京剧界

---

① 滕海涛、颜全毅、何颖哲:《展示戏曲神韵 营造电视盛会——浅议2006年春节戏曲晚会的总体创作设想》,《中国电视》,2006年第5期。
② 蒋愈红:《映日梨园别样红——2006年河南电视台春节戏曲晚会导演心得》,《大市场(广告导报)》,2006年第3期。

乃至戏曲界的主要成果还有最新的文化政策，都会在晚会中有一个集中的展现。

第二类是专题类。与围绕节庆主题设计的戏曲晚会类似，专题类的电视戏曲晚会同样是围绕一个特定的主题，或是纪念某人某事，或是展望总结，或是基于某一特定事件。专题类戏曲晚会为了突出主题，往往不局限于戏曲表演，而是将戏曲人、戏曲事、戏曲剧目巧妙地融合，外景拍摄、现场访谈也都是常用的形式，从而使晚会既有剧目的可看性，也有专题的深入性。

以纪念为名的戏曲晚会，是专题类晚会的一个主要分支，包括纪念某人如"'双甲之约'纪念梅兰芳大师诞辰120周年演唱会"、纪念某事如"纪念徽班进京200周年京剧名家演唱会"等。纪念类晚会注重历史人事的溯源，在切合主题的节目展演同时，常将往事娓娓道来，人文色彩较为浓郁。例如，2006年越剧百年华诞时上海文广新闻传媒集团和嵊州电视台联合举办的《跨越百年蕴华章——纪念中国越剧诞辰100周年电视文艺晚会》，分别在越剧的发源地嵊州和越剧的发祥地上海设有两个相互呼应的现场，运用现代化手段跨越时间与空间的距离。回顾越剧百年沧桑、还原重要的历史情景、再现从男班艺人到女子越剧的发展，以及越剧声腔、剧目的百年流变等，交织成晚会的叙事线，史诗般地呈现越剧的百年飞跃。

专题类晚会的另一个主要分支是展望和总结。比如在浩大的"中国京剧音配像工程"圆满完工后，中央电视台戏曲频道曾策划过一台"中国京剧音配像工程胜利完成联欢晚会"，便是总结类专题晚会的一个典型。晚会分为九个部分，包括：京剧歌舞《穿越百年时空》；京剧音配像剧目精选；采访京剧音配像导演迟金声、马崇仁、阎德威；中青年著名演员清唱配像剧目选段；缅怀张君秋先生等为音配像工程鞠躬尽瘁的艺术家；祝贺节目表演；京剧小品《戏说音配像》；京剧艺术家采访及演唱；京剧歌舞《感谢》。这场晚会形式多样，叙、议、演有机结合，其中回忆总结性的采访占了很大比重，节目形式也充分考虑到了所总结主题的独特性。各种戏曲大赛的开闭幕晚会也属此类。尤其是赛事的颁奖晚会，通常有着特定的侧重，"其创意重点在于展示大赛的公平竞争，展示大赛中涌现出来的技艺非凡的获奖选手，从而透露出戏曲艺术事业的兴旺发达、后继有人。此外，前辈老艺术家对年轻选手的提携帮助、口传心授也是创意中不可忽视的一个方面。"①

此外,专题类戏曲晚会还包括一些为特定事件所举办的晚会,比如"抗洪赈灾心连心戏曲晚会""爱的家园——全国戏曲界抗震救灾义演"等。以2008年汶川地震后中央电视台主办的"爱的家园——全国戏曲界抗震救灾义演"为例,晚会汇聚了150余位戏曲名家,多位年逾八旬的艺术家、众多戏曲界的中流砥柱和青年翘楚都参与其中。主题的性质决定了这是一台以事件而非演员为中心的专题晚会,在节目上选取的大多是鼓舞人心的现代戏选段,还有慷慨雄壮的毛主席诗词,此外还有为晚会专门创作的京歌《爱的奉献》《抗震救灾 众志成城》《甜甜的乳汁》《我是一个中国人》《真情赋》,越剧戏歌《九州连爱心》,川剧戏歌《我有一个强大的祖国》,豫剧戏歌《大爱在人间》,配乐朗诵《白衣天使》等,通过主持人动情讲述灾区故事进行串联,整台晚会主题明确、风格鲜明,充分体现了在突发特大事件背景下艺术的感染力和号召力。

第三类是联欢类。联欢类的电视戏曲晚会着重突出了戏曲的娱乐功能。较之前两类晚会,联欢类晚会的随意性更强,规模可大可小。1983年上海电视台制作的《月池幽花北曲声——京昆电视纳凉晚会》可算得是联欢类晚会的一个早期的经典。演员客串主持人,同时又是观众。演员们个个拿出看家本领,本工戏、反串戏、流行歌曲……既有单独表演,又有相互配戏,虽然演员都是清唱,却丝毫不减艺术的魅力,反而增加了节目编排的灵活性。类似的迎春戏曲晚会、消夏戏曲晚会、金秋戏曲晚会在此后的电视荧屏上时常出现,为观众带来了不少的欢乐。

此外,各类票友联谊会例如"海内外京昆票友联谊清唱晚会",也都属于联欢类电视戏曲晚会的范畴。这些晚会更注重观演互动和气氛渲染,对于电视化呈现的要求并不高。

---

① 江则理:《电视戏曲晚会的创意与策划》,《中国电视》,2004年第4期。

第二节　电视戏曲晚会节目的定型

在电视戏曲晚会类型中，由中央电视台举办的一年一度春节戏曲晚会影响最大，晚会的节目样式也最为典型。而要论及央视春节戏曲晚会的节目样式，则又必须从家喻户晓的春节联欢晚会说起。从1983年第一届春晚开始，戏曲节目便成为春晚的重要组成，有时甚至一台晚会上有多达六七个戏曲节目。可以说，电视戏曲晚会节目样式的定型，便始于央视春节联欢晚会。

如果把电视戏曲晚会比作一桌盛宴，那么一个个精心设计的节目便是构成盛宴的一道道佳肴。宴席上讲究荤素搭配、咸甜合宜，电视戏曲晚会的编排同样注重主配分明、冷热相济。名家唱名段，是春晚戏曲节目中最基础也是最常见的样式，这种节目样式中规中矩，却是戏曲宴席上不可缺少的基本菜肴。戏曲首重唱工，观众喜爱的戏曲演员演唱自己最拿手的名段，这样的节目本身就是提炼出戏曲最核心的欣赏价值，比如1984年春晚上便有谭元寿演唱京剧《定军山》选段、方荣翔演唱京剧《将相和》选段、马兰演唱黄梅戏《女驸马》选段、王文娟演唱越剧《慧梅》选段、茅善玉演唱沪剧《燕燕做媒》选段等。况且在春晚节目中，有时候还会在名家名段的基础上进行一些特殊的编排。比如1987年春晚上京剧演员李光清唱京剧《汉宫惊魂》选段，通过与影视演员葛存壮合作，采取双簧的形式呈现，增加了节目的诙谐效果；1989年春晚中，黄梅戏演员吴琼和越剧演员何英搭档，两种声腔巧妙衔接，使一段耳熟能详的《十八相送》呈现出了令人耳目一新的艺术魅力；1993年春晚上的节目《一角四唱》，表演者王树芳分别以老旦、青衣、老生、花脸四个行当应工，展示了《岳母刺字》《穆桂英挂帅》《沙桥饯别》《铡美案》中的经典唱段。这些都是基于名家唱名段这一表演样式的发展和创意，均获得了不错的节目效果。

歌舞类节目是春晚的一个大类。早期的春晚上，很多歌舞节目是由戏曲演员担当演出的。一种是戏曲演员反串演唱歌曲，比如1986年春晚上京剧演员李维康演唱歌曲《回娘家》、1992年春晚上黄梅戏演员吴琼演唱歌曲《大步流星奔小康》；第二种是戏歌，1984年春晚上豫剧演员牛得草演唱的豫剧戏歌《迎春曲》、1985年春晚上虎美玲、小香玉、王全真演唱的豫剧戏歌《老牛接班》等便属此类；第三种是戏曲元素表演，比如1990年春晚上的舞蹈《京剧迪斯科》、1991年春晚上的戏曲时装表演唱《梨园彩虹》；还有一种歌舞形式充分融合了戏曲的声容舞韵，将人物扮演、声腔演唱、形体展现有机地结合到了一起，1995年春晚上由何英、颜恝、邱华芳、吴俊、张志红等联袂塑造的越剧表演唱《金陵十二钗》便是这类歌舞节目的代表。

  如今语言类节目是春晚的重头戏，而在早期春晚中则体现为形式多样的戏曲小品。多剧种合演一段戏曲经典情节是其中一种表演形式，例如1986年春晚上由川剧演员陶长进（饰演许仙）、豫剧演员小香玉（饰演小青）和越剧演员方亚芬（饰演白娘子）合作的川剧、豫剧、越剧会串《断桥》，1990年春晚上的戏曲小品《拷红》也是多剧种的合作，其中崔老夫人由京剧演员郑岩饰演，红娘则由豫剧演员小香玉、越剧演员李玲玉、京剧演员雷英、黄梅戏演员吴琼共同饰演；如果说第一种是以多剧种合演为亮点，第二种戏曲小品同样是以一出戏曲剧目为蓝本，却更注重新的情节和内容的编排，比如1987年春晚上的戏曲小品《孙二娘开店》、1991年春晚中的英语京剧选场《打瓜缘》；还有一类则是以演员的特长为出发点，融入到一段全新的情节内容中，代表节目是1991年春晚上的戏曲哑剧《洞房花烛夜》。

  1994年春节戏曲晚会作为央视第一台独立策划录制的春节戏曲晚会，以精心设计、令人耳目一新的形式在除夕夜正式亮相。当时，"中央电视台决定改变往年春节一台晚会过除夕的格局，将一台晚会扩增为三台晚会，即：第一套节目仍播放综合性的春节联欢晚会；第二套节目播放以戏曲为主的民族戏曲晚会；第三套节目播放以严肃音乐和获奖音乐作品为主的音乐歌舞晚会。"[①] 由于春节戏曲晚会承担起了戏曲观众的欣赏需求，春节联欢晚会中戏曲节目的比重开始逐年缩减。1994年到2000年期间的春晚中，戏曲节目数量在2—4个之间波动，2001年到2004年都稳定在两个节目，从2005开始则形成了整场晚会一个戏曲节目的惯例。名家唱名段、戏曲歌舞、戏曲小品等节目样式被融为一锅乱炖，2005年春晚上的戏曲节目《守岁大观园》、2006年的《新五女拜寿》正是此类的代表。可以说，正是从1994年中央电

---

① 江则理：《百花齐放 春色满园——谈九四年春节戏曲晚会的几点尝试》，《中国电视》，1994年第4期。

视台春节戏曲晚会从春节联欢晚会中独立出来开始,春晚便停止了其对戏曲节目样式的创新,而春节戏曲晚会则在春晚所奠定的节目形式基础上,继续着戏曲节目样式的探索。

而在1994年首届专门创作的春节戏曲晚会之前,中央电视台已经连续三年收集优秀戏曲节目编成晚会形式的合辑,在春节期间播出。这种早期戏曲晚会的重要特点在于观众可以集中欣赏到戏曲中的经典名段,在"你播我看"的电视阶段,这是相当具有吸引力的。值得一提的是,此时晚会已经具备了节庆类晚会的众多关键要素,比如歌舞开场、儿童戏曲、场面庞大的武戏等。

但是,正如2004年春节戏曲晚会总导演张巧英所说:"电视春节戏曲晚会不是复制戏曲舞台艺术,而必须把电视、春节、戏曲、晚会四大元素融合起来。在这四大元素中,占首位的应是电视。通过电视化手段(包括前期镜头的设计、后期特技的使用等)进行再创作,弥补舞台的局限,在强化中国戏曲载歌载舞的本色上下大功夫,以达到'让民族戏曲靓起来'的终极目标。"[1] 早在20世纪90年代中叶,策划春节戏曲晚会的电视人已经逐渐清楚地认识到这一点,这充分体现在了编导们创意节目的思路上。

第三节　电视戏曲晚会创新节目的主要思路

资深戏曲电视人江则理曾提出,在戏曲类电视晚会节目的编导上,应该注重扬长避短。其中"扬长"包括:扬戏曲大剧种之长;扬戏曲名家之长;扬名剧名段之长;扬奇技绝招之长;"避短"包括:避戏曲节目的唱词内容与晚会主题不一致之短;避晚会所选用的戏曲节目完全按照程式化表演之短;避戏曲节目节奏缓慢拖沓之短;避唱词、道白不易听懂之短[2]。扬长避

---

[1] 张巧英:《让民族戏曲靓起来——2004年春节戏曲晚会〈梨园盛世〉创作思考》,《电视研究》,2004年第6期。

[2] 江则理:《扬长避短——论大型综合性电视文艺晚会戏曲类节目的编导》,《中国电视》,1998年第8期。

短是编排电视戏曲晚会节目的基本要求,为的是在普及性、节奏感、通俗化等方面使节目的接受度更高。从传统戏曲的表演程式到适合电视晚会呈现的节目样式,完美地做到"扬长避短"已然是不容易,但这还远远不够。戏曲晚会还需要有"精品"意识,要有拿得出手的"精品节目"。所谓精品节目,可以理解为"好看、好听,既有文化底蕴,又为大众所接受,能传唱下来,能被再欣赏而不是一次性消费的节目"①。这就需要电视戏曲晚会在"扬长避短"的基础上有所创新。以央视的春节联欢晚会上的戏曲节目和春节戏曲晚会为例,其创新思路主要包括浓缩精华、元素强化、创意混搭、跨界合作这四种。

浓缩精华是基于名家名段的欣赏诉求的进一步发展。前文提到,戏曲名家、经典名段对于戏迷观众是有着莫大吸引力的,尤其是在"你播我看"的电视时代,名家名段本就是浓缩戏曲精华的呈现形式。新的时代背景下,人们欣赏戏曲的渠道变得方便而多元,往往可以主动搜寻喜爱的经典剧目来进行审美欣赏,因而对于在戏曲晚会上集中欣赏经典唱段的需求有所下降。但是,戏曲作为角儿的艺术,倘若节目的表演者是戏迷喜爱的戏曲演员,则依然具有不凡的吸引力。于是,浓缩精华的深层含义发展为经典的内容、全新的编排,满足观众差异化的欣赏诉求。对于有超强号召力或者是久未露面的戏曲大家,就算只是清唱一段拿手好戏,便足以撑起一个节目。但对于经常在电视上出现的、演出资料众多的戏曲名家、青年翘楚,则需要通过创意的编排来使节目精华更加浓缩精炼。戏曲联唱是展现此类名家名段的常见形式,也因为过于常用而缺乏新意;设计一个特殊情境,将名家名段编入戏曲小品的方式也有不少尝试,其缺陷是受时长限制,名段往往不能完整演唱,因而观众略有不过瘾之感。但不可否认的是,此类拼盘式的精华浓缩方式,仍然作为晚会的重要基石而有其不可磨灭的价值。

正如春节联欢晚会的戏曲节目不管如何缩减,总还是会保留一个的惯例那样,在一台综合性的电视戏曲晚会上,也通常有一些不可或缺的元素,比如武戏、戏曲绝活、戏迷(尤喜选用少儿、外国友人)表演……元素强化,

---

① 张巧英:《让民族戏曲靓起来——2004年春节戏曲晚会〈梨园盛世〉创作思考》,《电视研究》,2004年第6期。

便成了创意节目的一种思路。比如在1996年春节戏曲晚会上,有一个节目是秦腔《杨七娘》,该节目将水袖、甩发、吐火等戏曲绝活与杨家将的忠烈故事结合成情景片段,从而对戏曲绝活这一元素进行了生动的强化,令人印象深刻。此外,戏曲作为综合性的艺术,无论是唱、念、做、打、舞这些表演元素,还是伴奏、布景这些辅助元素,抑或是其所承载的民俗、信仰等文化元素,每一个元素单独拎出来进行强化,都足以撑起一个精彩节目,更不用说将这些元素析出、放大、重组所带来的强烈感染力了。以2001年春节戏曲晚会上的京剧乐舞《白蛇情》为例,从开场群舞带来《峨眉的祝愿》,到《婚庆》展现热闹喜庆的民俗、《宝和堂》再现京剧《白蛇传》中的经典唱段、交响乐与京胡合奏出《惊变》的故事转折,再到《水漫金山》着力展现京剧武戏的宏大场面……可以说,这个节目正是通过元素强化来突出看点、亮点,从而获得非凡的表现力。由此,元素强化不失为戏曲节目创新的一个绝佳思路。

如果说上述案例是正向的元素强化,那么元素强化还有一种反向强化。比如"四功"之中"唱"是戏曲演员的第一功,要突出戏曲的演唱,大可以挑选唱功最佳的演员演唱其最拿手的名段,但是在1988年的春节联欢晚会上,有一个创新节目别具一格,拧擂拉戏《包龙图打坐在开封府》以乐器模仿人声,强化其"唱"之逼真、形象、诙谐,这可以看作是对"唱"这一戏曲元素的反向强化。再举一个对"打"这一戏曲元素反向强化的成功案例——1995年春节戏曲晚会上的节目《错位三岔口》。众所周知,程式化是传统戏曲的一个重要特点,举手投足、出将入相都有一定之规。如果打破程式约束反其道而行,往往会产生不一样的表现力,尤其是诙谐的艺术效果。《错位三岔口》在舞台上有三个武生扮演的任堂惠和三个武丑扮演的刘利华,还有一个在打斗过程中喊"暂停"并"指手画脚"的喜剧演员朱时茂,流畅的武打表演变得支离破碎,却别有一种错位的诙谐之美。

创意混搭也是创新电视戏曲晚会节目的一个常用思路。创意混搭的核心在于"和谐",其秘诀是"求同存异"。"求同"是混搭之所以能够"和谐"的基础,"存异"则是创意的魅力所在。无论是"求同"还是"存异",都是以某种元素为基础的,因此创意混搭也可以看作是元素强化思路的升级。这里的元素可以是表演、情节、节奏、风格等等。1990年春节联欢晚会上的舞蹈《京剧迪斯科》选取的是戏曲中的舞蹈元素，将之与现代舞表演混搭，传统与现代有机碰撞，新鲜有趣。1991年春节联欢晚会上的戏曲时装表演唱节目《梨园彩虹》着眼的是戏曲服装这一元素，以时装表演的形式呈现出古典与现代的反差之美。1994年春节戏曲晚会上的京剧音乐节目《滑雪》则是利用音乐节奏这一元素进行创意混搭的。节目选取了现代京剧《智取威虎山》中的音乐片断，将京剧音乐与人们进行滑雪运动的镜头组合起来，形成了令人耳目一新的视听组合。1996年春节戏曲晚会上的民族管弦乐《霸王别姬》将管弦音乐、京剧表演和战争场面呈现混搭在一起，还有2003年春节戏曲晚会中越剧与小提琴、芭蕾舞组合而成的《梁祝》，都是通过"情节"这一元素"求同"，将不同的艺术表现形式凝结到一个节目当中，形成一个"和谐"的艺术整体。1999年春节戏曲晚会上的《共绘吉祥图》节目，着眼点是民族传统文化同源的风格属性，"通过书画界的戏迷与戏曲界的书画家当场共绘《九九吉祥图》，表现中华文化各个子系统之间的血缘关系"[①]。

还有一种创意节目的思路是跨界合作。如果说创意混搭还集中在文艺范畴，那么这里说的跨界合作则更进一步，可以界定为以技术来包装艺术。事实上，用电视手段来承载戏曲艺术，本身就已经是一种跨界合作。镜头语言、剪辑手段的运用，使得荧屏戏曲在舞台戏曲的基础上，焕发出新的艺术活力。尤其是在录播的电视戏曲晚会中，电视特效的加入为节目带来全新的观感体验。

现代科技日新月异，戏曲节目的创意编排中也及时地引入各种新兴技术。例如，2015年春节戏曲晚会中，首次运用"虚拟现实增强技术"（Augmented Reality）的虚拟特效，来还原昆曲《牡丹亭》、京剧《西门豹》唱段场景。《牡丹亭》"游园"的姹紫嫣红开遍、《西门豹》"探湾"的波涛汹涌、水光粼粼，梦幻唯美又真实可感的场景通过虚拟特效制作出来，戏曲唱段的内容得以具象化，给观众带来了身临其境的审美体验。最新科技和传统艺术的完美结合还在不停的探索之中，如何在演播室内用虚拟、全息等现代电视手段，全方位展示戏曲艺术的华美，如何极致地展示戏曲与电视的完美

---

① 李纯博：《对中国电视戏曲创作的若干思考——由〈吉祥九九〉春节戏曲晚会引起的》，《艺术百家》，2000年第2期。

结合，都是在运用跨界合作这一节目创新思路时所要进一步思考的。例如，可以考虑将历史星空中耀眼的戏曲艺术家用全息技术"请回"舞台，和当代演员合唱一台戏。这在时尚演唱会上已经实现，戏曲晚会是完全可以考虑借鉴的。

第四节 关于电视戏曲晚会的两个思考

一、戏曲晚会的观演关系

在各种电视戏曲节目类型中，戏曲晚会是观演关系最为直观的一种。如果把参与戏曲晚会观演的角色强行区分，大致可以划分出表演者、现场观众、电视观众三部分。

电视戏曲晚会在形式探索中，存在着多种侧重不同的观演关系。第一种是表演者充当现场观众，是一种有点"自娱自乐"性质的非正式型戏曲晚会形式。前文提到过的1983年上海电视台的京昆电视纳凉晚会便属此类。

第二种是跳过现场观众，表演者直接作用于电视观众。1994年之前的春节戏曲晚会（非专门编排，主要通过剪辑已有节目制作而成）还不太注重与观众的互动，主要是以多剧种经典名段为核心，通过丑行演员、彩娃子、外国戏曲爱好者，或者玉帝、王母等戏曲角色来串联，将众多戏曲节目组合成一个整体。电视剪辑的运用，将演员的便装与彩扮状态灵活切换，使节目呈现效果更富层次。

第三种是现场观众约等于电视观众，他们都不参与表演者的表演，与表演者之间形成二元对立的关系。2001年春节戏曲晚会上的《闹春宵》长达40分钟，时刻注意带动现场以及电视机前观众的情绪，使观众在"或欣赏或欢笑或期待或惊喜"的情绪中，获得极大的审美参与感[①]。当然这里面也可

[①] 白燕升：《创作手记——2001年春节戏曲晚会片断〈闹春宵〉创作谈》，《中国京剧》，2001年第6期。

能有侧重，有的侧重于现场观众，例如历年直接面向国家领导人的新年京剧晚会、新年戏曲晚会；有的侧重于电视观众，现场观众作为镜头语言元素在晚会中呈现。

第四种是现场观众作为晚会整体呈现的参与者，是晚会中不可分割的一部分，这是大多数录制的戏曲晚会所采取的形式。对于现场观众来说，他们所看到的晚会是支离开来的一个个节目，电视观众才能看到经过精心剪辑合成后的完整晚会。这种模式下，现场观众是节目氛围的构建者，电视观众才是节目成型效果所作用的直接对象。这种观演模式在1994年首届央视春节戏曲晚会上便已形成。这场晚会搭建起了一个类似于大茶馆的场景。沉稳的中年男主持，兼任茶房和戏提调。在镜头设计上，也反复通过茶壶泡茶的特写，将"大茶馆"的氛围勾勒出来。现场观众置身其中，"既是欣赏节目者，又是茶客，又是戏迷票友，又是自娱自乐的表演者"①。这种模式还有一种表现形式是表演者深入到现场观众之中，例如1998年春节戏曲晚会的开场歌舞《南腔北调贺新春》，先是镜头将演员与观众一起引入演播室的观众席，京剧、越剧、豫剧等多个戏曲剧种的名家分布在观众席上依次演唱，此时舞台上是群舞翩跹，最后四位主持人从舞台后部唱着黄梅戏出场，将开场歌舞的节奏推向高潮。

第五种观演关系主要出现在现场直播的电视戏曲晚会中——通过电话、网络、新媒体等方式，电视观众打破荧屏阻碍，实时参与到晚会现场。这是观演互动最密切的一种模式，也是多媒体、全媒体、自媒体时代的主流趋势。从一开始的实时热线电话到后来的主持人现场宣读网络留言，再到当下流行的扫描二维码、摇一摇，荧屏内外的互动越来越密切频繁。一个问题由此而来——在电视戏曲晚会中，出现了"为了互动而互动"的困局。对于电视戏曲晚会来说，互动的主要目的是要增加观众的黏性。但是从具体的实践而言，效果却并不理想。以2015年央视中秋戏曲晚会为例，晚会投入20万设置了手机"摇一摇"功能。观众在观看直播过程中，可以通过"摇一摇"，为喜爱的节目点赞，并有机会获得现金红包和精美礼品。但是，钱花出去

---

① 江则理：《百花齐放 春色满园——谈九四年春节戏曲晚会的几点尝试》，《中国电视》，1994年第4期。

了，热闹也看似热闹了一番，效果如何还需数据说话。本场中秋戏曲晚会的收视率是0.198%，与同时段的常规节目持平，这种观演的互动并未明显增加观众黏性。

二、戏歌及伴舞问题

戏歌由于短小精悍、节奏明快、样式新鲜，加之其"源于戏而又区别于戏的品格符合电视戏曲的基本风貌"①，在电视戏曲晚会的编排上颇受青睐。全新作词、谱曲的戏歌，常被用在开场或结尾，或是渲染气氛，或是强化主题，当然也常作为独立的节目呈现有别于传统名段的审美效果。文艺晚会中，群舞经常伴随着歌曲出现。电视戏曲晚会上，伴舞与戏歌同样如影随形，扮演着类似于传统戏曲中"龙套"的角色。于是，戏歌加伴舞的形式逐渐成为了电视戏曲晚会上的一类固定节目。但是，面对大量空洞的唱词、拗口的唱腔、无神的群舞，观众对戏歌这一形式并不太买账。

如何让戏歌这一适合电视晚会节奏的特殊节目样式焕发出应有的光彩，为观众所喜爱，是电视编导所思考的一个问题。2002年春节戏曲晚会上的河北梆子戏歌《钟馗嫁妹》，堪称戏歌的一个经典之作。这首戏歌取材于戏曲传统剧目《钟馗嫁妹》，由著名词作家阎肃作词，描绘的是风清月朗的静谧之夜，长兄送妹出嫁的温馨场景，主题的落脚点则是"中华自古多忠良"的赞叹，可谓以传统故事响亮地传递出了中华民族的精气神。伴舞也是紧紧围绕情境，既有钟馗摆出各种造型的静态美，又有群鬼"乱舞"的动态美，还融入了吐火、筋斗等戏曲技艺，整体热闹而不杂乱、活泼而不喧嚣。音乐方面的熨帖同样难得，河北梆子这种慷慨的燕赵之声更增添了这首戏歌的浩然正气。

剧种的特色音乐是戏歌有别于普通歌曲的核心所在，基于剧种特点所编排的戏歌更显鲜活。2004年春节戏曲晚会上的黄梅歌舞《采莲》便是一个成功的作品。这首由资深撰稿人魏子晨作词、安徽作曲家陈儒天谱曲的戏

---

① 李纯博：《对中国电视戏曲创作的若干思考——由〈吉祥九九〉春节戏曲晚会引起的》，《艺术百家》，2000年第2期。

歌，从创意到编排都紧紧把握住了黄梅戏剧种的风格特色。通过采莲女、木兰舟、江南雨、香罗帕等意象，很好地展现了诗情画意的江南地域风情和黄梅戏的剧种意境。

通过总结戏歌节目中的精品，可以得出这样的启发——好的戏歌作品，应该是一个富有意境美的圆融的整体，须以剧种唱腔特色为基础，将唱词、音乐、伴舞等元素统一到一个具体的情境中。

第六章
电视戏曲发展新趋势

2015年7月，国务院办公厅印发《关于支持戏曲传承发展若干政策的通知》（以下简称《政策》）引起了社会的热烈反响。《政策》充分肯定了戏曲艺术在建设中华民族精神家园中的独特作用，将戏曲的保护、传承和发展提升到了国家和社会发展的战略层面。这一股政策的春风也吹到了电视戏曲领域，电视戏曲发展呈现出了令人欣喜的新趋势。

第一节 蓬勃复苏的 2016 年

2016年对于电视戏曲来说是比较重要的一年，先前国家出台的发展社会主义文艺和支持戏曲传承发展的相关政策，在2016年逐渐显现出效果。电视戏曲也乘着政策的春风蓬勃复苏了一番。《中国京剧像音像集萃》栏目在央视戏曲频道开播，河北卫视的《绝对有戏》栏目也在阔别两年后重返荧屏，此外还涌现出了《伶人王中王》《叮咯咙咚呛》第二季这样的"现象级"节目。另一方面，传统媒体和新兴媒体融合发展在进一步的探索之中，央视戏曲频道新媒体组在2016上半年正式建制，先后进行了"央视戏曲 App"（应用软件）的第三次改版升级、"唱戏吧 App"的安卓版开发，以及戏曲表情包《咿呀和哇呀呀》的微信商店上线等一系列新媒体尝试。除了央视戏曲频道的新媒体试水之外，电视戏曲标杆式栏目《梨园春》的同名官方 App 也在2016年初上线。具体来说，2016年的电视戏曲发展，有以下四个主要特点值得注意。

一、新媒体加速融合，电视的平台属性突显

互联网和新媒体的发展，对电视带来了颠覆性的影响，电视戏曲领域也不例外。2016年台网一体、台网互动的趋势更加清晰，媒体融合的步伐也在逐渐加大。根据国务院颁发的《关于推动传统媒体和新兴媒体融合发展的指导意见》，以及国家新闻出版广电总局就"进一步加快媒体融合"的纲领，央视戏曲频道为切实履行"融媒体"思维，于2016年4月对"央视

戏曲App"进行了第三次改版升级。戏曲频道自主研发的另一款软件"唱戏吧App"也于2016年第二季度完成了安卓版的开发，实现了覆盖全国所有智能手机，一年多时间下载量超过40万。官方客户端多次登上"优秀App排行"首位。此外，由央视戏曲频道自主设计制作的戏曲表情包《咿呀和哇呀呀》在2016年上线，是全国首例卫星频道正式上线的表情包。腾讯数据显示，三个月全国转发量便超过300万，在微信上掀起了一股不小的戏曲浪潮。

省级戏曲栏目也在新媒体洪流中紧密跟进。根据时代发展和观众需求及时作出调整，是河南卫视的《梨园春》栏目20余年长盛不衰的重要原因之一。2016年1月31日在《梨园春》直播的"擂响中国"2015年度全国戏迷擂台赛年终总决赛现场，主持人宣布《梨园春》同名官方App正式上线。这是迄今为止唯一一个由戏曲栏目为主体推出的新媒体应用软件。这样，从擂台选拔到现场的观众投票，戏迷们都可以通过App来参与。App还有梨园资讯、名家教唱、唱段欣赏等功能满足戏迷需求。可以说，"梨园春App"大小屏互动的紧密程度以及由此而产生的戏迷黏性在一定程度上较之"央视戏曲App"更为突出。

随着新媒体的兴起，电视的"霸屏"地位受到了很大冲击。但是，由于戏曲受众中老年观众的比例较大，因此新媒体对于戏曲栏目的影响相对于其他类型的电视栏目来说要稍小一点。电视依旧是戏曲的重要播出平台。央视戏曲频道的CCTV《空中剧院》《九州大戏台》、天津电视台的《中华大戏院》、七彩戏剧频道的《海上大剧院》、梨园频道的《看大戏》等以播出戏曲剧目为主的栏目，2016年依旧占据着电视戏曲栏目的半壁江山。这些栏目通过直播或录播的形式，将2016年各地剧院上演的重要剧目，及时地呈现到电视观众面前。以央视戏曲频道的龙头栏目CCTV《空中剧院》为例，2016年栏目全年的首播剧目量是156期，不仅涵盖了京剧电影工程剧目《谢瑶环》、全国梆子声腔优秀剧目展演开幕式以及中国戏曲学院青研班创建、北京长安大戏院重张"双二十"周年系列活动等重要的剧场戏曲演出，还联合戏曲院团策划了天津行、湖北行、吉林行等主题演出和各类节庆晚会、应节大戏，满足了广大戏迷足不出户欣赏高水平戏曲演出的需求。此外，栏目还甄选优质资源，创新宣传内容，切实展现中国道路、中国理论、中国制度、中国精神、中国力量,力求在感人的故事讲述中"成风化人",在深厚的人文情怀中"凝心聚力"。2016年录制和播出的剧目中就有《焦裕禄》《杨善洲》等弘扬主旋律、传播正能量的新编大戏,并且集中展现了自习近平总书记在文艺工作座谈会上的讲话以来全国各大戏曲院团喜人的创作成果。

2016年初《中国京剧像音像集萃》栏目的开播,也彰显了电视作为播出平台的重要属性。"中国京剧像音像集萃"是列入《中共中央关于繁荣发展社会主义文艺的意见》和国务院办公厅《关于支持戏曲传承发展的若干政策》的国家文化工程。工程计划从2016年到2020年录制350部名家名剧,在出版发行的同时,在中央电视台、各省级电视台的相关频道以及中央重点新闻网站进行展播。京剧"像音像"工程是在"中国京剧音配像精粹"的思路基础上创意产生的。"'音配像'工程成功的经验证明,舞台演出的音和像是可以分离开来,分别再度加工而后进行合成的。'像音像'正是汲取了这一经验,利用新的技术手段,先在舞台取像,再在录音室录音,然后演员再给自己的音配像,在这一过程中,针对某些环节的不尽人意反复加工、提高,力求取得最佳的整体效果。"①《中国京剧像音像集萃》栏目以"传承一批经典、留下一批精品、带出一批人才、积累一批家底"为目标,利用新技术手段,力求以最佳效果保留当代优秀中青年演员的代表剧目,并为京剧艺术的教学与研究、学习与传承提供依据和参照。而在央视戏曲频道专门开辟栏目、安排在黄金时段来进行展播,也在最大限度地提升着该文化工程的影响力。

更能突显电视平台属性的电视戏曲节目是《叮咯咙咚呛》。《叮咯咙咚呛》是央视较早试水制播分离模式的节目。2016年推出的《叮咯咙咚呛》第二季继续延续第一季制播分离的模式,坚持内容与平台并重,以内容吸引平台,用平台托举内容。《叮咯咙咚呛》第二季的首播是在央视综艺频道,央视综合频道和戏曲频道则进行重播。这就跟传统的戏曲节目的播出平台有所区别了。

---

① 刘连群:《"京剧像音像":中国原创的民族文化传承工程》,《光明日报》,2016年4月11日15版。

二、老牌栏目内容拓展，季播节目现象升级

2016年，《梨园春》《走进大戏台》《秦之声》《相约花戏楼》等老牌的电视戏曲栏目，依旧坚守着各自的阵营。由于依托于当地的戏曲资源，这些栏目大多带有浓重的地域印记。随着信息传播的加速和文化融合的推进，地域的界限被逐渐打破，老牌戏曲栏目的视域也逐渐拓展到了全国，关注点也从戏曲扩大到整个非遗文化范畴。其中，山西的《走进大戏台》非常具有代表性。

《走进大戏台》作为山西卫视创办时间最长的品牌栏目，2016年是其走过的第16个年头。栏目自2015年白燕升加盟以来，进行了较大规模的改版转型，在原有的节目基础上新增了名家访谈、专业比赛等内容。2016年《走进大戏台》栏目确定了"戏曲新榜样，传统正青春"的口号，试图采取多元路径来传承民族戏曲艺术，具体可以概括为"地方化和大众化的多元传播、年轻化和草根化的定向传承、时尚化和竞争化的时代创新"[①]。2016年《走进大戏台》打造的重点节目《伶人王中王——2016全国戏曲名家巅峰汇》以传统戏曲为切入点，"邀请不同剧种的戏曲名家、领军人物重返竞技场，卸掉功成名就的荣耀与光环，代表京剧、豫剧、晋剧、评剧、河北梆子、秦腔、川剧七大剧种，重新挂帅出征，争夺'伶人王中王'的冠军称号"[②]。"2016全国青年戏曲演员擂台赛"接档《伶人王中王》成为《走进大戏台》下半年的播出重点。"擂台赛突破了过去以本省四大梆子为主的内容选择，把目光对准了全国各地域的其他剧种，使得节目的包容性更强、参与人群更广，内容更加丰富。"[③]擂台赛涉及京剧、晋剧、评剧、黄梅戏等十个剧种，参与者也是来自全国各地的青年演员。

对于老牌戏曲栏目来说，内容的拓展一方面扩大了节目的辐射区域，正如中国文艺评论家协会主席仲呈祥所说："《走进大戏台》放眼全国，整

[①] 赵旭：《〈走进大戏台〉传承民族戏曲艺术的多元路径》，《传媒》，2016年第18期。
[②] 董悦、赵文军：《〈走进大戏台〉：戏曲平台，人文名片》，《中国广播电视学刊》，2016年第11期。
[③] 董悦、赵文军：《〈走进大戏台〉：戏曲平台，人文名片》，《中国广播电视学刊》，2016年第11期。

合各地戏曲资源，生产出'各美其美，美人之美，美美与共'的精神产品，为改善当下娱乐过多过重的电视文化生态环境、培养戏曲受众做出了独特贡献。"① 另一方面，资源的整合也不可避免地消解了不同地域特色滋养下的戏曲栏目的个性，这也是在地方戏曲栏目的发展过程中值得注意和慎重处理的。

近年来，季播节目的概念非常流行，因为季播化的节目模式可以有效地避免常态节目因固化思维和高密度播出所造成的审美疲劳和创意枯竭，紧凑的节奏和密集的看点也有助于形成现象级的收视关注。于是，在戏曲领域也先后出现了不少季播节目，2016年更是达到了一个相对密集的程度。这些节目有的依托于某个具体的电视栏目，比如前面提到的山西卫视《走进大戏台》栏目推出的《伶人王中王——2016全国戏曲名家巅峰汇》。更突出的例子是央视戏曲频道。2016年央视戏曲频道以"常态节目季播化"为理念，多档栏目都创新推出了栏目内季播节目。例如，《过把瘾》栏目推出了《姥姥家门前唱大戏》《婆迷争锋》《家有小戏迷》三档季播节目；《一鸣惊人》栏目制作播出了《闪亮民营剧团》《秦腔名家名票组团战》《梦想微剧场》三档季播节目；《青春戏苑》栏目主题策划了《豫伶珑》《唱响青春》两档季播节目；《跟我学》栏目创新推出了《小老师·洋学生》；《梨园闯关我挂帅》栏目也加大创新力度，制作了以明星大反串、明星唱大戏为主题的系列节目。在季播节目的轮番推动下，戏曲频道基本形成了周周有亮点、月月有创新的良好播出格局。

此外，像《叮咯咙咚呛》这样独立制作的季播节目，则不依托于某个特定的电视栏目，甚至不确定播出平台，更是眼下季播节目的流行趋势。同样由《叮咯咙咚呛》团队制作的国内首档全媒体深度融合的大型戏曲互动综艺节目《角儿来了》，也在2016年11月录制完成，这同样是一档独立的季播节目。

所谓"船小好掉头"，季播节目在实验性、创意性、时尚性等方面的反应都较传统电视栏目更为灵敏，也更容易捕捉到观众的最新审美需求。因

---

① 郑娜:《〈走进大戏台〉进北大 与青年共品戏曲之美》,《人民日报海外版》,2016年5月5日第6版。

此，季播形式所呈现的节目，也更能引起现象级的反馈。《伶人王中王》和《叮咯咙咚呛》第二季可以说是2016年电视戏曲视野内的两个现象级节目，后文还会详述。

除了季播节目的概念之外，打通栏目界限整体排播形成主题播出季，也是央视戏曲频道在2016年的一个播出亮点。2016年春节期间，戏曲频道以《2016年春节戏曲晚会》为龙头，推出了"2016新春播出季"。《姥姥家门前唱大戏》《明星大反串》《盛世合家欢》《小老师·洋学生》《元宵戏曲晚会》等一系列创新节目和改版升级节目集中播出。从正月初一至正月十五戏曲频道的平均收视率达到0.16%，收视份额达到1.31%，迎来了2016年收视开门红。

三、着眼剧种传承发展，关注戏曲民间力量

在政策春风的鼓励下，剧种的传播与传承被提升到了一个极为重视的程度，这在2016年的电视戏曲节目内容上体现得尤为明显。北京电视台文艺频道《欢天戏地·国粹生香》系列之"寻找国粹戏曲文化传播大使活动"、河南卫视《梨园春》栏目的"中国豫剧百团争霸青年演员电视大赛"，以及由陕西广播电视台、新疆电视台、新疆生产建设兵团广播电视台、宁夏广播电视台、青海广播电视台、甘肃省广播电影电视总台和西北五省（区）剧协联合打造的"名师高徒·中国秦腔传承行动"，分别从不同的角度来助力戏曲剧种的传播与传承。

"寻找国粹戏曲文化传播大使活动"以时尚的思维和元素来包装戏曲，吸引了来自北京市的五个戏曲院团的十四位青年演员参与，在十轮比拼中脱颖而出的七位演员，将戏曲艺术带到"世界娱乐之都"拉斯维加斯。节目围绕"为你的生活加点戏"的主题，既强调演员的表演功底，更看重演员的传播能力，通过营造年轻语境下的无障碍沟通，来实现传统戏曲的现代阐释和国际化表达。

由西北五省（区）剧协和六家电视台联合推出的"名师高徒·中国秦腔传承行动"，放眼西北，不分地域和派别，可以说是秦腔历史上规模最大的一次跨省媒体大集结。二十位秦腔名家与数百位秦腔中青年演员通过师徒双

选、拜师、成果展示等环节，共同完成了一次秦腔艺术的"传帮带"。

河南电视台《梨园春》栏目承办的"中国豫剧百团争霸青年演员电视大赛"，是一次豫剧新生代力量的"大阅兵"。《梨园春》以其二十余年的栏目影响力，聚集起了全国一百六十余家豫剧专业院团和民营院团的上千位青年豫剧演员，其比赛规模之浩大、对剧种传播的影响之深远，着实不容小觑。发掘中国豫剧新生力量、打造中国豫剧青年领军人物、为中国戏曲培养更多的年轻观众是大赛的三个主要目的，而挖掘剧种传承的基层力量、让戏曲走进百姓生活切实为人民服务，则更体现了《梨园春》栏目的文化担当，这些都反映在了大赛的具体环节设置上。例如，初赛阶段，栏目邀请文艺界名人担任基层院团的推介人，让名不见经传的基层演员为更多人所知。复赛环节中，大赛特别设置了"梨园春风到基层"的系列活动，带领青年豫剧演员走进兰考、卢氏、郸城、光山这四个国家扶贫工作重点县，真正实现送戏到村。此外，演员们还送戏进校园，和青少年共同守望传统文化根脉，掀起校园戏曲热潮。

像《梨园春》栏目这样走进基层和校园、关注戏曲民间力量，也是2016年电视戏曲栏目内容策划的整体趋向。例如，2016年，《走进大戏台》栏目就将走基层和进校园作为大众化传播的两个主要途径。前者通过地方文艺汇演，深入到县市及农村一线，送戏下乡，还戏于民；后者则是在"中国戏曲公开课·北大行——如歌的行板"成功举办之后，将"中国戏曲公开课·校园行"活动作为栏目的保留项目，先后走进山西省十余所高校，将戏曲春风引入大学校园，为戏曲的年轻化传播播下充满希望的戏曲种子。

央视戏曲频道作为国家政策反馈的风向标，2016年坚持以人民为中心的创作导向，同样加大了走基层的力度。戏迷互动栏目《过把瘾》开展的"我们的中国梦——文化进万家"系列活动，其中70%以上的节目都是当地百姓自导自演的，不仅实现了让百姓在家门口登上央视舞台的梦想，而且这些沾泥土、带露珠、冒热气的作品，真实地反映出人民群众火热的幸福生活和对未来的美好憧憬。新闻资讯类栏目《戏曲采风》把镜头对准了那些长期行走在田间地头、服务基层群众的艺术工作者，不仅提升了他们的社会知名度，而且弘扬了他们坚忍不拔、吃苦耐劳、滴水穿石、久久为功的奉献精神。《一鸣惊人》栏目推出的《闪亮民营剧团》和《梦想微剧场》，分别从专业演员和戏迷票友两个群体入手，通过原生态、接地气的戏曲剧目和富有生活气息的原创戏曲小品的形式，激发草根戏曲人的演出动力和创作热情。

四、电视大赛延续老传统，戏曲真人秀试水新形式

在电视这一传播形式诞生之初，便出现了融观赏性、悬念性、参与性于一体的戏曲比赛。纵观2016年各省市的戏曲王牌栏目，各式戏曲电视大赛依旧是主要的节目形式：河南卫视《梨园春》栏目推出了"中国豫剧百团争霸青年演员电视大赛""2016擂响中国——全国戏迷擂台赛"；河北电视台《绝对有戏》栏目举办了"第三届河北梆子十大名票选拔赛""第二十届中国少儿戏曲小梅花河北省选拔赛""第五届河北省戏迷票友电视大赛"；山西卫视《走进大戏台》栏目敲响了"2016全国青年演员擂台赛"；央视戏曲频道《一鸣惊人》栏目推出了"秦腔名家名票组团战"……尽管参赛选手不同、比拼名目各异，但是扎推出现的戏曲大赛，已经使观众在很大程度上感到审美疲劳。专业演员的比赛还相对好些，因为演员的表演水准保证了节目的观赏性，戏迷票友的比赛则很难产生大的反响，往往只流于参与者间的小范围的自娱自乐。而相似的节目内容也使得一些省市的代表性戏曲栏目出现同质化的倾向。同时，这也可以看作是老牌戏曲栏目所遭遇的一个瓶颈期。

与戏曲电视大赛的较长历史不同，真人秀是近年来兴起的一种全新的电视节目形式。2016年是戏曲真人秀的一个丰收年。央视戏曲频道《跟我学》栏目推出的《小老师·洋学生》是以戏曲教学为基础的票友体验类真人秀节目；北京电视台《欢天戏地·国粹生香》系列之"寻找国粹戏曲文化传播大使活动"是以青年戏曲演员为主体、以展示演员的戏曲传播力为主要内容的真人秀节目；《伶人王中王——2016全国戏曲名家巅峰汇》也是以真人秀的形式和思路来展现戏曲顶尖名家之间的巅峰对决；还有《叮咯咙咚呛》第二季，虽然自2015年7月广电总局发出《关于加强真人秀节目管理的通知》后，《叮咯咙咚呛》作为一档担负着价值引导和文化担当的央视节目，在第二季巧妙回避了第一季中关于真人秀的直接提法，而是将节目定位为大型原创文化传承类综艺节目。但是，纵观节目的呈现形式，毫无疑问是一档糅合了户外体验和室内展示的文化真人秀。在琳琅满目的戏曲真人秀中，《伶人

王中王》和《叮咯咙咚呛》第二季是两个"现象级"的节目,《叮咯咙咚呛》在前文已有专述,这里着重说说《伶人王中王》。

《伶人王中王——2016全国戏曲名家巅峰汇》于 2016 年 5 月 8 日在山西卫视开播。节目致力于成为戏曲版的《我是歌手》,其打造戏曲巅峰对决的设想,是具有梨园大气魄和戏曲大情怀的创意思路。凭借作为主创兼主持的白燕升的电视号召力,以及《走进大戏台》十余载老牌电视栏目的戏曲影响力,这档全新的戏曲节目在创意之初,便具备了成为现象级电视节目的潜力。

在内容上,《伶人王中王》从观众最关注的"角儿"切入,在展示精湛表演技艺的同时,也侧重展示戏曲的历史底蕴、文化内涵、情怀气度,从而以演员的个人魅力引领整个戏曲行业的风范。而不同于一般的竞赛类节目,《伶人王中王》在赛制上采取"赢家蛰伏等待,输家多演多赛"的比赛模式,为观众相对陌生的剧种提供了更多的展示机会。但从另一个角度来说,节目回避了戏曲界最为敏感微妙,同时也最为激烈精彩的同剧种、同行当、同流派之间的正面较量,而是采取不同剧种之间的交流碰撞,这就极大地消解了作为竞技灵魂的对抗性。可以说,这是《伶人王中王》在某种程度上的妥协和无奈。

除了参与戏曲真人秀的剧种名家所呈现的高水准表演及走心的幕后故事之外,《伶人王中王》还有一个亮点是简洁而有深度的评委点评。节目邀请文艺评论家、作家、歌唱家等戏曲表演的"圈外人"来为戏曲"号脉",他们或深入浅出或一针见血或别出心裁的点评,使普通观众知其然又知其所以然,在为演员的表演增色的同时,也保证了《伶人王中王》相对厚重的文化底蕴。同时,主持人白燕升极富个人情感的串联形式,也为《伶人王中王》盖上了个性化的印戳。因此,《伶人王中王》的"现象级"地位,也在于这种独一无二、难以复制的节目呈现。

第二节　全面开花的 2017 年

经历了多点萌动、成果初显的 2016 年之后,电视戏曲在 2017 年迎来了全面开花。以中央电视台戏曲频道为龙头，省市卫视平台也积极响应，整体呈现出欣欣向荣的良好发展态势。

一方面，在CCTV《空中剧院》《中国京剧像音像集萃》《梨园春》《秦之声》《相约花戏楼》等品牌栏目保持着高水准的稳定制播的同时，新的常规栏目持续涌现。央视戏曲频道推出的大型融媒体互动戏曲节目《角儿来了》继2017年春节档推出《百年谭派》《余音绕梁》《相知香玉》三期特别节目之后，自11月5日起开始升级为常规栏目，以黄金档周播的形式与观众见面。而曾经因为收视等原因舍弃戏曲栏目的卫视平台，也在继续迎回戏曲观众。继2016年河北卫视《绝对有戏》栏目重返荧屏之后，从2017年10月15日起，新的戏曲常规栏目《戏相逢》于每周日的22:00在浙江影视娱乐频道播出。戏曲栏目在卫视平台的接连回归是一个电视戏曲复归、文化自信彰显的可喜信号。

另一方面，季播戏曲节目现象升级。近年来，季播节目的概念非常流行，因为季播化的节目模式可以有效地避免常态节目因固化思维和高密度播出所造成的审美疲劳和创意枯竭，紧凑的节奏和密集的看点也有助于形成现象级的收视关注。于是，在戏曲领域也先后出现了不少季播节目，2016年是相对密集的一年，央视戏曲频道还打出了"常态节目季播化"的概念。相比而言，2017年的戏曲季播节目在实验性、创意性、时尚性等方面都在2016年的经验基础上全面升级，《中国戏曲大会》《中国戏歌》《喝彩中华》《魅力1+1》《唱戏吧》《伶人王中王》（第二季）、《最佳拍档》（第二季）、《宝贝亮相吧》等多档季播戏曲节目从不同视角切入进行创意。2017年电视戏曲的主要亮点也集中在季播节目中，概括而论，主要有以下几个方面。

一、突出本体，彰显文化自信

近十年来，随着真人秀等娱乐节目形式的火热，电视戏曲也尝试着综艺化的探索，期望通过引入娱乐明星和流行节目样式，来吸引更多的年轻观众。《非常有戏》（2007）、《国色天香》（2014）、《叮咯咙咚呛》（2015）是其中的代表。这类节目的出发点当然都是为戏曲争取新观众，其思路或是通过引爆娱乐话题、以时尚托举戏曲，或是抽取某一戏曲元素、进行流行化包装,大体可以概括为以戏曲为内容元素、以娱乐为节目内核。但是,2017年电视戏曲的一个突出特点是节目中明显透射出了对于戏曲的由衷自信:对作为中华民族优秀传统文化的自信、对薪火相传的坚韧力量的自信、对怀揣戏曲梦想走向未来的自信。正如《喝彩中华》的总导演王昕轶所说的,那些站在舞台上以各自不同的方式为戏曲艺术喝彩的人"在节目中都很'燃',那种自发的民族自豪感,也'带燃'了观众"①。

这种文化自信表现在对戏曲本体的强调,节目不再刻意地把戏曲进行符号化、碎片化处理,而是突出挖掘戏曲自身的历史底蕴和文化内涵,在讲述与展示的结合中传递出戏曲作为中华民族优秀传统文化的自豪感。这里不妨举个例子,同样是抽取戏曲音乐这一表现元素,我们将2017年央视戏曲频道打造的《中国戏歌》与2014年天津卫视推出的《国色天香》做一个简单的对比,就能看出其中的观念变化。《国色天香》邀请音乐界、演艺界、文化界的明星,在戏曲名家的专业辅导下挑战戏曲与歌曲的跨界结合。节目以戏曲唱腔为基础,对热门金曲进行"歌改戏",借助时尚明星和流行歌曲的流量来吸引观众对戏曲的关注。用通俗的话来阐释节目的逻辑就是:"你看,明星来唱戏了,大家也来唱吧!没有接触过戏曲的明星也能很快学会唱一段,所以戏曲并不难哦!"这也代表了此前同类戏曲节目的普遍思路。再来看看《中国戏歌》,节目核心同样是戏与歌的结合,但不再是戏曲借流行之势,而是以"解读传统,让戏曲流行起来"为目标,对有着近三十年发展历史的戏歌进行"首定义、准定位、大集成",立体呈现出戏歌背后的戏曲典故与艺术本真。节目选取具有传承性、传播性并且极具时代感召力的戏歌作品,将中国传统美德作为戏歌传承的艺术理念,围绕好听的作品、动人的故事展开,以生动的呈现形式表现对中华民族自身文化的超强信心,从而引发全民对传统文化的强烈共鸣。从《国色天香》到《中国戏歌》,观念转变的通俗表达就是从"借流行东风,带戏曲一起玩儿"变成了"提供翻译导赏,让戏曲带你玩儿",这也是2017年电视戏曲的整体气象,其背后的文化自信不言而喻。

在一定程度上可以这么说:2017年的电视戏曲节目的探索趋势是从娱

---

① 郝天韵:《〈喝彩中华〉:让戏曲不再遥远》,《中国新闻出版广电报》2017年8月9日。

乐向文化的转变。这也跟文化类节目整体复兴的电视大环境有关。比如，与《中国成语大会》《中国诗词大会》同属央视"大会"系列的《中国戏曲大会》，既延续了"大会"系列成熟的节目架构，又突出了戏曲作为表演性综合艺术的特点，将知识性与观赏性有机地结合起来，深入浅出地普及了戏曲的独特形态。节目每期都有戏曲文物的展示，将戏曲的厚重历史和文化底蕴通过文物实体来直观地呈现到观众面前。《喝彩中华》接棒东方卫视的文化节目《诗书中华》，作为东方卫视的"中华"系列之一，同样是以鲜活的、有温度的电视创意来聚焦中华优秀传统文化。当然，2017年的电视戏曲新节目风格多样，其中也并没有完全放弃综艺化的形式，比如《喝彩中华》是类达人秀、《伶人王中王》可以看成戏曲版的《我是歌手》……但《喝彩中华》节目中着意营造的致敬优秀传统文化的仪式感，以及《伶人王中王》坚持选用戏曲各剧种领军人物的顶级阵容，也都是以守护戏曲本体为旨归的。

二、媒体融合，拓展节目体量

互联网等新媒体的发展，对电视带来了颠覆性的影响，电视戏曲领域也不例外。根据国务院颁发的《关于推动传统媒体和新兴媒体融合发展的指导意见》，以及国家新闻出版广电总局就"进一步加快媒体融合"的纲领，2017年中央电视台台网一体、台网互动的趋势更加清晰，戏曲频道在媒体融合上的步伐也在逐渐加大。尽管2017年之前，戏曲频道已经有过不短时间的媒体融合尝试，例如早在2012年的第七届"青京赛"就开始尝试网络直播和微博直播，此外还有微信摇一摇获取节目信息、扫描二维码下载官方客户端等方式，但是这些媒体融合都还停留在载体形式的简单叠加上，基本上不涉及作为节目核心的内容编排。2017年电视戏曲节目的突出特点是真正将媒体融合思维运用到节目的策划之中，通过融媒体的形式来打破时空束缚、拓展节目体量。

2017年戏曲节目媒体融合的一个趋势是将录制前的素材征集、录制中的呈现内容、播出后的受众接受都纳入到节目的策划范畴中，从而大大拓展了节目表现内容的体量。《魅力1+1》通过央视戏曲微信公众号搭建互动平台，选取20位越剧名家的代表剧目唱段，征集戏迷的演唱视频。然后从收集到的两千多段视频中,挑选出 60 位表现出色的戏迷来到节目现场。通过现场演唱脱颖而出的 20 位戏迷,则获得与名家进行合作表演的机会。在这样的流程设置中,节目的成形和效果,在很大程度上依托于网络平台上的征集视频。《唱戏吧》通过互联网大数据实时搜索出最受观众欢迎的戏曲唱段,由嘉宾进行现场演唱,演唱结束之后则将经过授权的唱段和伴奏一起上传到中央电视台的客户端,供观众进行欣赏、传唱。也就是说,节目里嘉宾唱什么,网友说了算;节目后网友想学唱,点开手机客户端就能实现。

  在录制现场打破时空束缚,使录制形式更加丰富是媒体融合的另一个方面。《角儿来了》是 2017 年首先试水融媒体内容的戏曲节目,其制作团队正是现象级戏曲节目《叮咯咙咚呛》的策划者,以年轻人为主,拥有开放、时尚的媒体思维。节目通过虚拟观众席的招募和抢位、实时视频连线、互动提问等形式,使不在录制现场的嘉宾、观众也能实时地参与到节目的录制当中。视频连线的形式在《唱戏吧》节目中也有运用,不管是年近九旬的京剧表演艺术家谭元寿对后辈的殷切期望,还是有"活红娘"美誉的京剧名家宋长荣与弟子的隔空合唱,都给观众留下了深刻的印象。媒体融合思维还被用在应对突发状况所造成的人员缺位上。《魅力 1+1》在录制时,作为节目嘉宾之一的张琳因航班取消而未能按时来到现场,节目组临时调整方案,充分调动各种现代手段,在节目现场进行选手的正常录制,同时与张琳视频连线,录制结束后张琳在电脑上观看选手现场视频并挑选出合作选手,之后选手与节目组去往张琳所在剧团,完成合作演出的外景拍摄。这种灵活的形式化危机为亮点,正是基于媒体融合思维中时空不受束缚的特点所获得的灵感。

  此外,尽管运用媒体融合思维进行节目宣传,扩大在受众中的影响力在戏曲节目中已经多有尝试,2017 年则增添了更多的新花样。在央视策划的 2017 春节戏曲晚会中,就有好几个线上线下融媒体宣传创新:未经电视播出已在网络走红,继而在全国各地引发线下学跳热潮的《第一套戏曲广播体操》;晚会现场发布的央视戏曲原创动漫表情包《咿呀和哇呀呀》贺岁版,以及由流行歌手演唱的戏曲风同名主题歌;在"央视戏曲"客户端 VR(虚拟现实)专区还可以看到具有 4K 清晰度 /360° 全景 /3D 沉浸效果的 VR 节目,在 VR 技术的支持下,观众足不出户就能在移动终端身临其境地体验清代诗人笔下"岳神赛罢赛都神，演出河台戏曲新。两岸灯笼孟育管，水中照见往来人"（童谦孟《竹枝词》）的水台社戏场景。《唱戏吧》为每位演唱嘉宾都拍摄了戏曲微视频，这些微视频风格各异、脑洞大开，或嘻哈或唯美，二次元、体育风……非常便利于在网络上传播。《中国戏歌》也围绕节目内容策划推出了"跟着董艺走进《中国戏歌》"主播 TED 系列原创微视频，以及节目衍生作品《戏歌里的中国故事》。而很多非戏迷知道《喝彩中华》这档节目，是从微信朋友圈中流行的"戏曲中华"图片开始的，这是节目与"天天 P 图"客户端合作的换装小程序。此外，节目还与时尚抖音软件合作推出短视频、与共享单车合作订制京剧脸谱版单车，这些都是融媒体思维下戏曲推广的有趣尝试。《中国戏曲大会》则将打造电视版戏曲教科书的初衷延伸得更远。预热阶段的"抢戏一分钟"系列戏曲故事微视频、播出过程中的新媒体同步答题、节目播出后推出的《中国戏曲大会》同名手机小游戏、多城市亮相的"红房子戏曲体验室"，以及经中央电视台官方授权、由中国广播影视出版社出版的同名图书……节目以打造"中国戏曲大会 IP"的理念来充分开发周边产品，是运用融媒体思维进行影响力拓展的集中体现，为节目长尾效应的实现有效助力。

三、贴心导赏，打破认知壁垒

在政策春风的鼓励下，优秀传统文化的传播被提升到了一个极受重视的程度。2017 年的电视戏曲节目，也在受众定位上打开了格局，其中很多节目都不再是单纯地服务于戏迷观众，而是将自身定位为戏曲文化类节目，强调零门槛面向社会大众。然而，传统戏曲与普通观众尤其是年轻观众之间的认知壁垒已经存在，如何降低甚至消除准入门槛，使对戏曲知识储备不足的观众也能够领略到戏曲之美，成了戏曲节目需要妥善解决的一个重要课题。不管是常规的老牌戏曲栏目，还是各种创新的季播节目，都致力于架设戏曲和现代观众之间的认知桥梁。引导观众了解戏曲、欣赏戏曲不能靠枯燥的说教，这是所有戏曲节目的共识。纵观 2017 年的电视戏曲节目，制作者们也是"八仙过海各显神通"，以各种生动的形式去实现传统文化的流行符码"转译"与输出。

《过把瘾》是央视戏曲频道的一档展示戏迷票友风采的老牌栏目，栏目在2017年暑期打造了《宝贝亮相吧》这档少儿戏曲节目。活泼可爱的小朋友一向是收视担当，每个跟戏曲亲密接触的孩子背后，通常都有整个家庭关注的目光，因此他们就像是戏曲的希望种子，当他们作为戏曲的代言人时，戏曲与观众之间的距离感一下子就被拉近甚至消除了。同为央视老牌戏曲栏目的《跟我学》则是一档戏曲教学栏目，在2017年推出的《听君一戏话》系列，借助了《百家讲坛》的形式，将生动的历史讲述和对应的戏曲片断结合起来，既有为观众还原历史真实的悬念设置，又能够引导观众欣赏富有想象力的艺术加工。

不依托于某个固定栏目独立制作的季播节目，为观众打破戏曲欣赏壁垒的发挥空间就更大了。方法之一是贴近日常生活。《中国戏曲大会》的主要内容是戏曲知识的问答，但并不着重于戏曲的专业性，而是选择从跟百姓生活贴近的常识内容入手，让戏曲去亲近普通观众。例如，亮相、走过场、有板有眼、红娘等词都是人们在生活中常说的，这些词都是来源于戏曲，《中国戏曲大会》就通过题目的设置、专家的讲解来告诉观众这些词语的出处；再比如大会中设置的"辨识题"，在一小段极具观赏性的戏曲虚拟表演之后，通过设置的题目来引导观众和选手一起还原演员表演的生活情境原型。方法之二是寻求记忆共鸣。《中国戏歌》节目中，先后由44位戏曲名家、音乐家、文化学者、跨界名人作为解读人，来分享47首戏歌佳作背后所承载的动人故事，唤起人们的家国情怀和情感共鸣。他们以朴实的语言讲述对戏歌的理解、用亲身的经历告诉大家为什么推荐这首戏歌。于是，原本觉得戏曲难懂的年轻人突然发现，原来很多伴随成长的歌曲中都有戏曲的元素，原来戏曲从未离我们远去。方法之三是明星引导代言。《喝彩中华》不以戏曲唱腔或绝活的欣赏为第一要义，而是突出戏曲本身的概念以及背后的人文精神，总导演王昕轶希望"通过戏曲节目的创新包装传播，可以让传统文化成为年轻人也能听懂的流行语言"[①]。《喝彩中华》设有四位观察员，分别是学戏曲出身的影视演员徐帆、京剧坤生王珮瑜、国风歌手霍尊、主持人程雷，他们不参与喝彩人是否晋级的评判，而是从各自的视角协助喝彩人讲述戏曲故

---

① 王晓杨：《传统戏曲的创新表达》，《综艺报》2017年第20期。

事、普及戏曲知识，以其"自带流量"的影响力引导观众亲近戏曲、看懂戏曲。方法之四是实时贴心导赏。《唱戏吧》特别设有由青年戏曲演员和从《中国戏曲大会》中脱颖出来的草根戏曲达人组成的"二现场读戏团"，在嘉宾现场演唱戏曲名段的过程中，见缝插针地介绍该唱段的赏析要点，用风趣幽默的语言引导观众如何品戏，比如这是什么流派，哪里有个高腔，或者节奏如何递进等等。

当然，以上只是略举了几种比较突出的导赏思路，其实在节目当中这些方法往往是混合运用，打破认知壁垒，最大限度地扩大受众范围群体是所有电视戏曲节目始终在努力探索的课题。

四、名角坐镇，稳固戏迷群体

对于电视节目来说，黏住老观众和发展新观众是两个齐头并进的方向。在求新求变吸引新观众尤其是年轻观众的同时，节目还需要警惕原有的戏迷观众群体的流失。梨园行常说"戏曲是角儿的艺术"，对于戏迷来说，电视节目最大的吸引力正在于名角名剧。因此，名角坐镇是稳固戏迷群体的有效方法。央视戏曲频道的 CCTV《空中剧院》《九州大戏台》、天津电视台的《中华大戏院》、七彩戏剧频道的《海上大剧院》、梨园频道的《看大戏》等以播出戏曲剧目为主的栏目，2017 年依旧占据着电视戏曲的半壁江山。这些栏目通过直播或录播的形式，将各地剧院上演的重要剧目，尤其是名家挑梁的大戏，及时地呈现到电视观众面前。

同时，2017 年电视戏曲在大步伐探索新形式的时候，也始终注意利用名角效应来吸引戏迷群体。随着老一辈艺术大家的相继故去，观众渴望在电视上看到戏曲大家动态的愿望更加强烈。节目在确定艺术家身体情况允许的前提下，努力邀请他们来做客。以"还原名家本真，寻回时代情怀"为宗旨的《角儿来了》，就请来了拥有"东方皇后"美誉的 86 岁高龄的京剧表演艺术家杜近芳。《喝彩中华》则请来了为无数名角伴奏过的 94 岁高龄的"江南鼓王"王玉璞、85 岁高龄的越剧表演艺术家吕瑞英、"国宝级"昆曲表演艺术家蔡正仁等诸多戏曲大咖，爷孙同台的家风承继、越剧九代的薪火相传，无不让观众深切感受到名角所带来的震撼。

作为舞台中流砥柱的当红戏曲名角也是戏迷极愿意买账的。《中国戏曲大会》每场的剧目题都邀请活跃在一线的戏曲名家带来最顶级的表演。钱惠丽的越剧《红楼梦》、侯少奎的昆曲《单刀会》、史依弘和奚中路合作的京剧《霸王别姬》等等，都代表着各剧种当前舞台上的最高水准。不仅如此，《中国戏曲大会》每场还邀请一位名家作为答题嘉宾，与现场的百人团选手一起答题。当戏迷看到熟悉的名家如张派青衣赵秀君、奚派老生张建国等在节目中展现出不同于舞台的另一面时，无疑是感到新鲜有趣的。《角儿来了》名副其实，节目里来的都是名角儿，裘派花脸名家孟广禄、"千面老旦"袁慧琴、豫剧领军人物李树建、"昆曲王子"张军……节目打破了传统的访谈节目形式，取而代之的是情境舞台的打造和故事场景的还原，以极强的代入感引导观众走进名角的故事，好角儿、好故事、好唱段一样不少，戏迷自是愿意关注。此外，《魅力1+1》与名家同台的吸引力、《唱戏吧》名家唱段观众说了算的参与感，都是利用名家对戏迷的号召力，来吸引戏迷群体的关注。

如果说上述这些节目是借名家之势的思路，那么《伶人王中王》则是以剧种顶级名家之间硬碰硬的直接较量为最大卖点。《伶人王中王》是2016年山西卫视打造的一档创新节目，在当年就引起了较为热烈的反响。2017年乘势推出了第二季。节目以戏曲界巅峰对决为卖点，从观众最关注的"角儿"切入，在展示精湛表演技艺的同时，侧重以演员的个人魅力引领整个戏曲行业的风范。节目邀请不同剧种的领军人物同台竞技，也是希望借助名家的号召力和顶级表演的艺术感染力，引导观众突破剧种的局限，从而在梨园大气魄和戏曲大情怀的高度上更包容、更宽广地拥抱戏曲。

余论

突破并不容易。尽管2017年的电视戏曲呈现出了良性的发展态势，但是其中也暴露出了不少问题。其中一些问题是一直存在的，比如节目资源的匮乏。多年来密集的戏曲节目制作导致了央视戏曲频道出现了一定程度上的资源枯竭，而自2007年《非常有戏》之后蛰伏多年的东方卫视，虽然在《喝彩中华》中带给观众耳目一新之感，但这一轮资源之后呢？纵观近几年有影响力的几档戏曲节目，尽管形式有别、风格各一，但是参与者尤其是名家的重合度非常之高,这很容易造成观众的审美疲劳。

梨园行的旧有观念也束缚着电视戏曲的手脚。以《伶人王中王》为例,节目致力于打造戏曲版《我是歌手》的巅峰对决,却不得不回避了戏曲界最为敏感微妙,但同时也是最为激烈精彩的同剧种、同行当、同流派之间的较量,而是采取不同剧种之间的交流碰撞,这就极大地消解了作为竞技灵魂的对抗性,从而削减了节目的张力与吸引力。

还有些问题是在新的探索中逐渐暴露出来的。比如观众参与互动的门槛问题。如前所述,《魅力1+1》算得上一档媒体融合较为深入的节目。但据笔者了解,节目组在征集网友视频时花费了大量的精力,因为实践中才发现,让网友录制、上传视频并不是想象中那么简单。在具体操作时,需要网友先把伴奏拷贝到电脑或者手机里,或者直接播放嘉宾的演唱视频,然后插上耳机听曲子,再用第二台手机对着自己录制演唱视频。录制完毕后,登录《魅力1+1》的视频征集界面,找到与自己同唱的演员,点击"我要合唱"上传所拍的视频。且不说大多数中老年戏迷难以独立完成这一系列操作,即便是熟悉网络的年轻人也会因嫌麻烦而放弃参与。因此,《魅力1+1》节目组不得不调动大量的人力来动员和指导网友录制上传视频。如何简化观众的参与流程、降低互动的准入门槛,是戏曲节目需要进一步改进的一个方面。

第三节 稳步推进的 2018 年

纵观 2018 年的电视戏曲,文化复兴政策的影响力仍在继续。之前电视戏曲基于文化政策支持下的全面蓬勃并非昙花一现,在绚烂绽放之后虽劲头略有回落但发展平稳,在 2018 年有趋于常青的态势。不管是央视还是地方卫视平台,2018 年的电视戏曲节目都有一些可圈可点的新气象。

央视戏曲频道在 2018 年的新变化主要体现在两个方面。第一,2018 年作为中央广播电视总台成立元年,"三台融合"的理念也深入到了央视的戏曲节目中,比如在《2018 中国戏曲大会》的现场设立融媒体互动观察区,邀请广播电台主持人出镜主持,节目还特别制作出适合广播的音频版在电台播放；第二，2018年10月1日中央广播电视总台4K超高清频道（CCTV-4K）开播，4K超高清电视画面在图像的清晰度、明暗层次、彩色保真度上都较高清更上层楼，戏曲节目中流动的舞台表演、多变的人物造型以及丰富的视觉色彩，都使其成为4K超高清镜头理想的拍摄对象，因此在CCTV-4K开播之际，戏曲频道的老牌重点栏目CCTV《空中剧院》、融合创新栏目《角儿来了》均录制了一批4K超高清戏曲节目样片，电视戏曲的视觉呈现上升到了一个全新的高度，这堪称电视戏曲发展史上的一个突破。

若用一句话来总结2018年央视戏曲频道的节目概况，那就是：常规栏目平稳打底，季播节目多有后续，融合节目终成常态。具体而言，CCTV《空中剧院》《中国京剧音配像精粹》《中国京剧像音像集萃》《九州大戏台》这四档剧目展播栏目，凝聚起了戏曲频道的观众基础；之前收到良好效果的季播节目在2018年多有后续，频道及下属各栏目陆续推出了《中国戏曲大会》第二季、《闪亮民营剧团》第二季、《梦想微剧场》第三季、《宝贝亮相吧》第二季、《听君一戏话》第二季；戏曲频道重点打造的融媒体互动创新节目《角儿来了》在2018年实现了常态化周播，将融媒体的创新理念落到了实处。

在文化类综艺节目热播的环境浪潮下，地方卫视平台也将戏曲作为文化节目的重要内容，其中最受瞩目的依然是各种季播节目，比如北京卫视推出了大型京剧文化传承节目《传承中国》、山西卫视延续了戏曲名家竞技节目《伶人王中王》第三季和第四季、河北卫视打造了《谁与争锋——京津冀河北梆子名旦大会》，此外有着"中华戏曲公开课"之称的大型文化节目《擂响中华》先后在西安广播电视台和青海卫视播出。如果说季播节目绚烂多彩引人入胜，那么常播栏目更对稳定戏曲观众群的打造功不可没。我们欣喜地看到，2017年浙江影视娱乐频道新增的戏曲栏目《戏相逢》，在2018年完成了稳定的周播。2018年湖北卫视又新增了一档戏曲文化栏目《戏码头》。

中国戏曲剧种繁多，大多带有非常鲜明的地域特色，将戏曲与地域文化相结合，正是地方电视台打造戏曲节目的一个重点。例如，西安通过名家新秀混合竞技的《擂响中华》与直播全国戏曲展演周的《醉梨园 最中国》这一动一静两档节目，合力打造西安"梨园之都"的文化名片。湖北卫视推出的《戏码头》同样如此，这档全新的栏目立足荆楚文化，将武汉作为历史上著名的"戏码头"的深厚城市底蕴与源远流长的戏曲艺术结合得非常紧密。当然,我们同样不能忽略《梨园春》《相约花戏楼》《走进大戏台》这些老牌戏曲栏目的坚守与新声,这几档栏目是扎根地方戏曲又放眼整个梨园的典范,2018年《梨园春》更是迎来了千期盛典,并获得了"持续播出时间最长的中国电视戏曲节目"的世界纪录认证。

通过梳理2018年的电视戏曲概况可以发现,整年度的戏曲栏目和季播节目在数量上与2017年基本持平。同时比较而言,2018年的电视戏曲在以下几个方面呈现出了新的发展趋势和特点,而这几点都与整个文化大环境、电视大环境密切相关。

一、"时代性"成为重要课题

中国戏曲诞生于农耕社会,在城市化的进程中戏曲一直面临着传统艺术现代性转化的问题。尤其是改革开放40年间,让戏曲紧跟时代发展、贴近百姓生活是戏曲工作者始终在探索的一个重点和难点。党的十九大报告指出"坚守中华文化立场,立足当代中国现实,结合当今时代条件",对中华优秀传统文化要"坚持创造性转化、创新性发展",这从政策纲领的高度对戏曲的"时代性"发展提出了新的要求。具体到电视戏曲这一本就带有现代传媒烙印的戏曲传播形式,对"时代性"的要求也成为戏曲节目的一个重要课题,这在2018年戏曲节目的内容选择、主题方向以及形式变革等方面都有体现。

内容选择的"时代性"要求是最显而易见的,这在常规戏曲栏目中体现得很充分。CCTV《空中剧院》栏目在2018年春节期间陆续推出了《璀璨梨园——空中剧院大型系列戏曲演唱会》,十台戏曲演唱会颠覆了以往演唱会的传统演出形式,充分发挥国家电视台的凝聚整合作用,首次以剧种和地区为单位进行组合,涉及京剧、梆子、川剧、越剧及东北三省的主要剧种,囊括了京津沪鄂和东三省主要国家剧院团,尽可能全面地展示了在新时代新气象下戏曲剧种、剧团、流派、剧目及老、中、青各年龄段演员的整体风貌。地方平台的戏曲栏目同样紧扣"时代性"诉求。《梨园春》栏目推出的2018年新年戏曲晚会以"唱响新时代"为主题,此外还播出了"中国真有戏——

《梨园春》庆祝改革开放 40 年河南优秀剧目展演"等一系列反映时代新声的戏曲内容;《相约花戏楼》栏目播出了"东方之韵·剧荟江南——长三角地区戏剧梅花奖、白玉兰奖艺术家'深入生活、扎根人民'主题实践活动";《欢天戏地》栏目播出了"水路·戏路大运河年度戏曲精品大汇",节目以专题片的形式,深入运河沿岸多省市的 11 个专业戏曲院团,展现大运河对各地戏曲文化的滋养和多年来各院团的坚守和发展。近年来,在国家政策的支持下,"戏曲进校园"活动在各地如火如荼地开展,《快乐戏园》《欢天戏地》《相约花戏楼》等栏目都特别制作了相关专题,对"戏曲进校园"的丰硕成果进行展演。

"时代性"也影响到了 2018 年季播类戏曲节目的主题选择方向。在传统文化与当代社会碰撞融合的大环境下,当前的戏曲生态也在不断变化发展。《伶人王中王》第三季、第四季延续了前两季的戏曲名家跨剧种竞技,意图通过多剧种领军人物打破地域界限的良性竞争,来激活整个戏曲生态的对话交流。《谁与争锋——京津冀河北梆子名旦大会》则重点关注河北梆子这一剧种的当代发展,节目网罗京津冀三地的众多河北梆子名家,试图通过公平公开公正的电视竞技,选拔出河北梆子的当代领军人物。基层戏曲团体是戏曲生态的基石,《一鸣惊人》栏目一直致力于为基层团体提供展示的舞台,栏目所制作的《闪亮民营剧团》和《梦想微剧场》这两档季播节目都是将镜头聚焦基层民营剧团、文化馆,2018 年推出的《闪亮民营剧团》第二季和《梦想微剧场》第三季,在原来的基础上创新升级,将更多"沾泥土""带露珠""冒热气"的戏曲作品和新时代背景下戏曲基层团体的动人故事呈现到了节目当中。戏曲的传播也是影响戏曲生态的重要方面,这也是电视戏曲价值和使命的集中体现。2018 年北京卫视推出的两档季播节目以不同的角度切入戏曲传播这一主题:大型京剧文化节目《传承中国》邀请京剧名家对影视明星进行京剧教学,通过明星戏曲真人秀的形式带领观众感受国粹京剧之美以及戏曲学习的趣味;《欢天戏地》"国粹生香——寻找戏曲文化传播大使"则让年轻的戏曲人成为主角,节目联合北京市 5 个戏曲院团,选取了多个剧种的 14 位优秀青年戏曲演员,通过现场开讲与表演相结合的形式来传播戏曲文化。

"时代性"还体现在戏曲呈现形式的变革上。前文已经提到,2018 年电视戏曲已经进入了 4K 超高清时代。《角儿来了》是 4K 超高清戏曲节目的率先尝试，2018 年共录制了 10 期 4K 超高清节目，在节目的视觉呈现上充分考虑到了 4K 超高清的画质特征，运用了能够突出细节感的置景道具，并配合色调干净统一的灯光、视效，极力打造出具有中国意象的东方审美，令戏曲艺术变得时尚又不失传统韵味。画质的提升也对音频提出了更高的要求，节目实现了 5.1 环绕立体声录制，在视听两方面都为观众提供了更趋完美的艺术享受。除了这种整体升级之外，在节目呈现元素上体现"时代感"同样也值得一提。例如，《宝贝亮相吧》第二季引入了科技感十足的机器人"克鲁泽"，机器人与萌娃之间充满童真童趣的互动，为戏曲节目注入了一股别样的活力。

二、"融媒体"进一步推进

2017 年国务院办公厅印发的《国家"十三五"时期文化发展改革规划纲要》中明确提出推动媒体融合发展，"扶持重点主流媒体创新思路，推动融合发展尽快从相'加'迈向相'融'，形成新型传播模式"。从台网一体、台网互动到广播、电视、网媒三位一体的全面融合传播，随着 2018 年中央广播电视总台的成立，媒体融合的力度与深度均被进一步推进。戏曲频道的重点节目与创新栏目，也成为了电视戏曲在媒体融合方面的先锋。

作为戏曲频道的重点节目，《2018 中国戏曲大会》较之《2017 中国戏曲大会》最大的区别，便是在节目现场设立了融媒体观察互动区。该区域设计成具有广播和网络直播间特点的独立空间，邀请来自全国各地多个广播电台的戏曲节目主持人来现场主持，每期与名家名角儿、戏迷票友代表一起，在现场参与陪答，以观众和非专业角度引发话题，增加现场的趣味性，使节目更加贴近普通观众。除此之外，《2018 中国戏曲大会》还在线下进行平台融合的立体化布局。节目在录制及播出期间联合广播媒体和新媒体平台，围绕《2018 中国戏曲大会》的核心内容进行衍生节目制作和拆条化传播，并充分利用三台合一的平台优势，发挥央视新媒体平台的物料生产优势，以求获得宣传推广的最大化效益。

"三台融合"不仅在于广播与电视的强强联手，更是全媒体时代网络平台与优质媒介资源的融合。作为国内首档大型融媒体互动戏曲节目，戏曲频道的创新栏目《角儿来了》在经过 2017 年的融媒体试水之后，2018 年随着栏目步入常态发展，其融媒体思路更为清晰。节目通过录制时的新媒体直播端、实时视频连线、现场弹幕互动来介入到节目内容生产，从而横向拓宽节目体量。节目在新媒体网络直播内容策划方面突出了融媒互动、跨屏播出、全民参与、情境访谈等特点，紧扣每期节目主旨，根据不同的嘉宾设立相关直播话题，力求向网友展示梨园名角儿的不同风貌和鲜为人知的一面，力求将戏曲年轻化、多样化、时代化地呈现出来。新媒体端直播的过程中还尝试了像足球解说般实时解说录制现场的小环节，得到了网友的认可和欢迎。实时的视频连线打破了节目录制时的时空束缚，《角儿来了》栏目引入 Vidyo 多端视频会议系统，实现了在录制现场的实时多屏连线。例如，在《永远的红楼》这一专题中，参与实时连线的艺术家有越剧电影《红楼梦》中林黛玉的扮演者王文娟（92 岁）、王熙凤的扮演者金采风（88 岁）、薛宝钗的扮演者吕瑞英（85 岁）、紫鹃的扮演者孟莉英（84 岁），这些德高望重的老艺术家通过新媒体的形式出现在了观众的面前，着实令人惊喜。除了运用融媒体对节目内容体量进行横向拓展之外，《角儿来了》栏目还围绕节目的上下游垂直拓展多元传播路径，在录制前、中、后以及播出中、播出后，分别利用各种融媒体手段和内容优势满足戏曲用户需求，打造融媒体闭环为电视收视引流。节目引入融媒"三微一体"平台互动，将电视、网络、移动端全面打通，以达到大屏带小屏、小屏回大屏、多屏联受众的融媒体互动效果。

  不仅仅是中央广播电视总台的成立推进了戏曲频道对于媒体融合的深入，地方电视平台同样在进行着不同程度的媒体融合尝试。"千期梨园正青春——《梨园春》千期盛典"是河南广播台和河南电视台两台合并组成新的河南广播电视台后首次进行的节目制作融合尝试。在千期盛典开始之前，《梨园春》和河南卫视官方微信发起了"说说你与《梨园春》的故事"活动，收获近万人留言。千期盛典进行过程中，参与节目的名家和热心的戏迷代表被邀请走进电台的直播间，来分享他们与《梨园春》的动人故事。《梨园春》千期盛典也在广播和电视两个平台并机播出。

三、"情景化"彰显电视匠心

近几年,文化综艺节目大量涌现,《中国诗词大会》《朗读者》《国家宝藏》等都是其中的优秀代表。这些节目深耕传统文化资源沃土,以全新的形式设计、生动的内容表达拉近了现代观众与优秀传统文化之间的距离,其成功模式也惠及戏曲节目,例如广受好评的《中国戏曲大会》,就借鉴了《中国成语大会》《中国诗词大会》的节目架构。2017年底至2018年初央视推出的文博探索节目《国家宝藏》中,邀请了众多影视演员用情景短剧演绎文物故事,情景化的讲述让历史变得具象,为观众带来了很好的"沉浸式"体验,因此这种形式甫一出现便令人眼前一亮,同时也给文化类节目带来了新的启发。于是我们看到,在2018年的电视戏曲节目中,"情景化"成为了一个亮点。

与传统的语言讲述、图像展示相比,"情景化"设计需要投入更多的心血和匠心,也更依赖于专业的编导演团队。这也是"情景化"在以往的戏曲节目中不常见的重要原因。眼下在多元文化的轰击下,戏曲节目要想引人入胜,势必要紧跟时代潮流,匠心独运。央视戏曲频道《跟我学》栏目推出的"听君一戏话"第二季,在第一季"主讲人讲述+戏曲片断展示"的形式基础上进行了升级,着重强调了节目形式上的戏剧性,通过情景小品来形象化地展示梨园台前幕后的知识掌故。例如,情景小品《喜神的规矩》《后台的规矩》解密了梨园行拜喜神为大师哥、戏衣箱不能随便坐、为什么不可以在后台下棋等等戏曲后台不为人知的习俗规定;《一物多用》通过在后台准备各种演出道具的情境来生动展示戏曲舞台上一物多用的艺术智慧;《没有小演员》阐述了演员与龙套需要团结成"一棵菜"的戏曲舞台精神。

湖北卫视2018年全新打造的戏曲文化栏目《戏码头》将演播室变成一个大的情景,不仅演播室被布置成兼具荆楚古韵和传统戏楼特色的戏园场景,而且设计让所有进入到场内的观众均身着长衫或旗袍,强烈的代入感使观众与现场环境融为一体,还原了近百年前武汉作为著名的戏曲大码头的盛况,也奠定了《戏码头》这个栏目朴拙风雅的整体基调。在内容呈现上,《戏码头》糅合了戏曲表演、故事演绎与真人秀等多种形式,其中故事演绎部分采用的便是充满诗意的"情景化"讲述,讲述人与情景剧交叠穿插,将一代名伶谭鑫培轰动京城、汉剧大师陈伯华带病授艺、西安易俗社到汉口演出、戏剧大师曹禺创作《雷雨》等一段段尘封在岁月里的故事，鲜活地还原到了《戏码头》的舞台上，以"润物细无声"式的力量引领观众沉浸到传统文化的和风细雨之中，从而获得审美的愉悦和心灵的滋养。

《传承中国》是北京卫视在2018年推出的一档京剧文化传承节目。从内容上来说，《传承中国》跟以往出现过的一些"现象级"季播节目如《非常有戏》《叮咯咙咚呛》《国色天香》，以及目前仍在周播的《梨园闯关我挂帅》栏目有类似之处，都可以归类为明星跨界戏曲真人秀，即邀请演艺明星来学习反串戏曲表演。而与上述这些节目相比一个很大的区别就在于《传承中国》引入了"情景化"的思维，每期节目的逻辑主线便是这样一个大情境："传承社"的老板邀请不同的明星来跨界挑班传承京剧。"情景化"的设置使得很多梨园行的习俗和传统文化的元素被协调地融入情境之中，从而增加了节目整体的仪式感。

余论

电视戏曲发展至今，早已不仅仅是作为戏曲舞台艺术本体的一个传播载体和欣赏途径，更是以其独有的形态样式凸显出戏曲元素、承载着戏曲文化甚至在一定程度上影响到戏曲生态。当我们从文化生态的视角来看电视戏曲，可以将之粗略地分为两类：一类是传统电视戏曲栏目，包括以CCTV《空中剧院》为代表的戏曲剧目欣赏类、以《戏曲采风》为代表的戏曲资讯类、以《跟我学》为代表的戏曲教学类、以《梨园春》为代表的戏迷互动类等等，这些节目的一个共同特点是其目标受众是戏迷，换句话说是戏曲的核心受众；另一类是新型电视戏曲节目，《非常有戏》《叮咯咙咚呛》《喝彩中华》《传承中国》等等季播节目均属此类，这类节目的目标受众则是普通观众，更希望争取到戏曲的边缘受众。就当前的戏曲发展来说，这两类节目各有侧重、不可或缺，我们期待新型电视戏曲节目常有令人惊艳的创新，同时也需要认识到传统的电视戏曲形式依然有其继续发展的空间。在弘扬优秀传统文化、提升文化自信的理念深入人心的当下，2018年的电视戏曲发展便是遵循着这样的生态布局，这种较前两年更趋于稳定的发展态势值得庆幸。

但是，纵观2018年的电视戏曲，一个不容忽视的新问题摆到了我们面前。2018年引人关注的戏曲节目中，山西卫视的《伶人王中王》、湖北卫视的《戏码头》、河北卫视的《谁与争锋》，以及西安广播电视台和青海卫视先后播出的《擂响中华》，这四档在不同省市平台亮相的戏曲节目，都是由著名的电视戏曲制作人白燕升团队策划打造的。白燕升作为央视前戏曲频道著名主持人，自离开央视之后并未停止在电视戏曲领域的耕耘，相反他以一己之号召力、以个人多年来所积攒的戏曲资源、以他始终秉持的大梨园情怀，始终坚守在电视戏曲的第一线。而由他带领团队主创的戏曲节目，虽然在呈现形式和侧重上有所不同，但不可避免地都打上了属于白燕升的个人风格烙印和审美倾向，甚至在艺术评判标准上趋于雷同。于是，我们在对白燕升的耕耘与坚守满怀敬意的同时，也生发出了一丝隐忧：这种"独木成林"现象背后所反映出的电视戏曲领域专业人才的匮乏，已经在一定程度上影响到了电视戏曲的创新性发展。

但总体来说，我们依然对电视戏曲的未来满怀信心。仅仅就央视戏曲频道而言，2019开年创新节目《梨园传奇》已经录制完成。节目充分运用了冰屏、雨丝幕投影等现代舞台包装手段以及斯坦尼康一镜到底等各种创意性拍摄手法来打造极致惊艳唯美的戏曲舞台大秀，并配以戏曲专家与文化学者来深入解读戏曲大美，情景式串联也是延续了2018年的热点形式。更值得期待的是，《梨园传奇》成功尝试了4K次世代AR虚拟植入技术，这在国内尚属首次，堪称电视戏曲呈现手段的一次重大突破！此外还有CCTV《空中剧院》栏目全新一轮的"璀璨梨园——大型系列戏曲演唱会"、戏曲频道的品牌节目《2019春节戏曲晚会》等，都在为2019年的电视戏曲征程红火开锣。"推动中华优秀传统文化创造性转化、创新性发展，更好构筑中国精神、中国价值、中国力量，为人民提供精神指引"，是十九大报告提出的时代要求，也是电视戏曲人的时代使命。弄潮儿向涛头立，2019年，电视戏曲界已经扬帆起航。

后 记

本书的书写始于2014年。其时中国戏曲学院谢柏梁教授主持2014年度国家社科基金艺术学重大项目"戏曲艺术当代发展路径研究"（14ZD01），邀请笔者和中国戏曲学院戏文系颜全毅教授负责子课题"戏曲电视频道发展路径研究"。笔者系北京联合大学艺术学院青年教师，我们师徒二人虽身处高校，皆常年活跃在电视台一线，兼任各种电视戏曲节目的策划、撰稿工作。本书中所论的半数案例，均来自我们亲身参与的节目，掌握有第一手材料。

本书的"序"和第三章一、二两节由颜全毅教授撰写，其余部分由笔者撰写，前五章草成于2015年底。因种种原因2019年书稿方得付梓，为了紧跟电视戏曲发展的新态势，笔者又分别对2016—2018三个年度的电视戏曲发展状况做了年度观察，是为第六章。成书之际，诚恐未免挂一漏万，贻笑大方。

随着互联网的迅猛发展，曾经作为新兴现代传媒的电视也遭遇了一波"明日黄花"之叹。新的时代背景下，戏曲何去何从？电视何去何从？从业者一直在孜孜不倦地探索着。面对新媒体环境下的格局动荡，电视戏曲更应该"抱团取暖"，共同去寻求新的发展路径。让我们共勉，期待，祝福！

杨玉

2019.4.17